AF533032

Mit dem Lügenbaron durch Würzburgs Geschichte

WOLFGANG MAINKA

BILDER VON CARLO DERNBACH

Mit dem Lügenbaron durch Würzburgs Geschichte

echter

Bibliografische Information der Deutschen Nationalbibliothek
Die Deutsche Nationalbibliothek verzeichnet diese Publikation in der Deutschen Nationalbibliografie; detaillierte bibliografische Daten sind im Internet über http://dnb.d-nb.de abrufbar.

1. Auflage 2021

www.echter.de

Covergestaltung: Vogelsang Design, Jens Vogelsang, Aachen
Illustrationen: © Carlo Dernbach
Hinterlegung auf S. 52: © Andrey Kuzmin/Shutterstock.com
Layout Innenteil: satzgrafik Susanne Dalley, Aachen
Druck und Bindung: Buch.THEISS, AT-9431-St. Stefan

ISBN 978-3-429-05666-7

Inhalt

13,8 Milliarden v. Chr. bis heute

Als der liebe Gott das Frankenländle erschuf

Urknall/11. August 13 800 000 024 v. Chr. Es war der 11. August im Jahr 13,8 Milliarden vor Christi Geburt. So genau weiß man es nicht mehr, möglich wäre auch der 12. oder 13. August gewesen, egal. Es war am Ende des Tages, an dem der liebe Gott die Welt fertig erschaffen hatte, der 11. August war nämlich der sechste Tag der Genesis. Schlag fünf Uhr abends mitteleuropäischer Zeit, also nach heutiger Zeit der „Feierabend", hatte der liebe Gott sich gerade ein Glas Cognac eingeschenkt, eine Havanna angezündet und sich genüsslich in seinen Ohrenbackensessel zurückgelehnt.

Wenn sich der geneigte Leser jetzt verwundert die Augen reibt und sich fragt, warum der liebe Gott Cognac und Havannas genießt, die es damals noch nicht gegeben hat, so sei ihm klargemacht, dass der liebe Gott gleichzeitig in der Vergangenheit, Gegenwart und Zukunft lebt, also omnipräsent ist, sonst wäre er nicht der liebe Gott und hätte seinen Beruf verfehlt. Somit wären Havanna und Cognac ausreichend erklärt. Er hat eben einen echt coolen Job.

Genüsslich und wohlwollend betrachtete er sein Tagwerk, die Welt, und „sah, dass es gut war". Alles war wohlgeschaffen und fein säuberlich geordnet, ganz im Sinne des Weltenschöpfers. „So ist es fein!", dachte er sich und blies Ringe aus Rauch von seiner Havanna in die Luft und sogleich flogen kleine Engelchen fröhlich ihre Bahnen durch dieselben.
Als sein Blick zufällig über den späteren Kontinent Europa schweifte, sah er plötzlich einen kleinen weißen Fleck auf der Erde, nicht groß, aber doch sichtbar und vor allem störend. Von oben gesehen war es jedoch nur ein kleiner Schönheitsfleck, aber er

störte eben das Gesamtdesign. „Nanu, was ist denn da passiert!“, raunzte er und stellte sein Glas Cognac auf den Boden. „Sollte ich da was übersehen haben? Nun, da ich Gott bin und von Natur aus vollkommen, muss ich hier noch nachbessern. Na, dann schauen wir mal, was ich noch an weltlichen Requisiten dafür übrig habe!“

Die Stimmung vom lieben Gott hatte sich ob dieses Fauxpas nicht wesentlich verschlechtert, dazu waren Havanna und Cognac viel zu erlesen. Gut gelaunt und eine kleine Melodie auf den Lippen – über welche Melodie es sich hierbei handelte, schweigt die Genesis, spätere Quellen erwähnen jedoch eine musikalische Ähnlichkeit zum Frankenlied –, schlurfte der alte Mann in die göttliche Asservatenkammer, in seiner Linken die Zigarre, in seiner Rechten das Glas Cognac.

„Heute nur das Beste!“, dachte er sich und so geschah es: Kleine grüne Hügel mit Wald und Tälern streute er locker auf den weißen Fleck im Herzen Europas. „Sieh da, ein schönes Flüsschen, das werden wir mal darin einbetten“, dachte er bei sich und malte mit dem Zeigefinger zuerst ein Dreieck und dann ein Viereck in die Landschaft und sofort füllte sich dies mit Wasser zu einem stattlichen Fluss. Nun noch ein paar Fischteiche dort – blubb, blubb –

und Weinstöcke an die Hänge des Flusstals hier. Tiere aller Gattungen ließ er freien Lauf und schenkte ihnen Wälder und Wiesen. Natürlich hatte er dabei auch die leiblichen Genüsse im Sinn, von Wild aus den Wäldern, liebte er doch einen gespickten Rehrücken, von Rindern, Kälbern und Lämmern, eine fränkische Lammkeule schätzt er bis heute, und von Ente, Gans und Huhn, welche er am liebsten in Weißweinsoße sieht.

Zwischenzeitlich hatte er sich schon den dritten, vierten Cognac eingeschenkt und auch die Havanna hatte eine würdige Nachfolgerin in einer Davidoff gefunden. „Mein Gott“, entglitt es ihm erfreut und er meinte natürlich damit sich selbst, als er sein kleines ehemals weißes Fleckchen Erde betrachtete, „was für ein schönes Fleckchen Erde. Ich nenne es – mein Paradies! Prost!“

Es ist wohl anzunehmen, dass auch der letzte Leser dieser Zeilen ahnt, wenn nicht gar weiß, dass es sich dabei um das Frankenland handelt, jenes kleine Stück Paradies zwischen Hessen, Bayern, Thüringen, Oberpfalz und Schwabenland, ein seit seiner Erschaffung unberührtes Stück Göttlichkeit.

Würzburg und seine ersten Siedler

Um 500 n. Chr. herum. Milliarden von Jahren schlummerte das paradiesische Frankenländle vor sich hin, unberührt und ohne eine menschliche Seele. Allerdings wurde das Idyll hin und wieder von vorbeiziehenden Campern unterbrochen, die ihren Müll und Unrat hinterließen. In und um Hätzfeld fanden sich in späterer Zeit Scherbenreste aus Ton im Erdreich, die das Einmachgeschirr und die Gebrauchskeramik der Camper ausmachten. Einige der Topfscherben enthielten noch ein Verfallsdatum, vermutlich von eingelegten Kümmerli oder Sauerkraut, in Form einer geritzten Inschrift: „Bitte vor Januar 5005 v. Chr. aufbrauchen". Da das Campen seinerzeit noch in den Kinderschuhen steckte und nicht dem heutigen Luxusstandard entsprach, setzte es sich örtlich nicht durch, lediglich ein kleiner Campingplatz an der „Kalten Quelle" hielt sich bis heute hartnäckig.

Bewegung im Würzburger Talkessel kam in der Zeit der Völkerwanderung auf. Mit der fränkischen Landnahme kamen um 500 n. Chr. auch die ersten Franken an den Ort des heutigen Würzburg. Es waren Familien, deren Namen – alle keltischen Ursprungs – wir heute noch in Würzburg kennen: Weber, Zeitler, Felgenhauer, Kupsch, Severin, Brandstetter, Hanselmann oder Dotzel, alles Menschen wie du und ich, die nach rastlosem Umherirren ihre Heimat am Fuße eines Berges im Kessel zu Würzburg fanden. Wir können heute nur vage Vermutungen anstellen, was ihre Motive waren, die sie bewogen haben, sich hier niederzulassen.

Waren es die schmackhaften Fische des Mains, insbesondere die kleinen „Meefischli"? Ihre Vorzüge lagen auf der Hand: schnelle Zubereitung, wenn die Kinder von der Schule kamen oder sich überraschend Besuch ankündigte. Ruckzuck aus dem Main ins Mehl und danach in der Pfanne mit Butter gebacken. Mit einem Dip und kleinem Beilagensalat waren sie bei Jung und Alt beliebt als Vorläufer des heutigen Fastfood.

Oder waren es die reichlichen Kräutervorkommen des Berges, ein Küchen-Eldorado für jede fränkische Hausfrau? Machten sie doch aus einer faden Kartoffelsuppe, eintönigem Fischgericht oder brutzelnden Schwärtelbraten erst jenes kulinarische High-

light, für das die fränkische Hausfrau bekannt ist. Peterle, Schnittlauch, Kerbel oder Liebstöckel, das seinerzeit logischerweise noch nicht den Namen „Maggi-Kraut“ führte, der erst in der Spätgotik aufkam – sie alle machten den Grundstock der modernen fränkischen Küche aus.

Dieses paradiesische Leben wurde jedoch bisweilen jäh getrübt. So, wenn im Frühjahr der Main Hochwasser führte und regelmäßig die Kartoffeln im Keller unter Wasser standen, ein Ärgernis nicht nur für die fränkische Hausfrau, sondern auch für den familiären Speiseplan: „No Klöß, no cry!“

Auch die lieben Nachbarn machten ihnen hin und wieder das Leben schwer. „Es kann der friedlichste Würzburger nicht in Ruhe leben, wenn es dem bösen Hätzfelder nicht gefällt!“ Und so kamen ungebetene Gäste aus der nahen Umgebung und nahmen ihnen nicht nur die Vorräte weg, sondern auch die Frauen. Es herrschte zu jener Zeit in Hätzfeld eine eklatante Frauenknappheit, vor allem an schönen Frauen – übrigens bis heute! Wohingegen die Würzburgerinnen für ihre Schönheit und Grazie bekannt waren – sogar bis heute! Also wurden sie die Objekte der Hätzfelder Begierden – immer noch, bis heute!

Abhilfe schaffte eine Fliehburg, die sich die Würzburger auf dem nahen Berg errichteten und gen Hätzfeld zusätzlich noch Erdwälle zur Abwehr testosterongesteuerter Wallungen. Nach dem Motto „Frauen und Kinder zuerst!" wurden diese im Falle eines sexuell motivierten Angriffs der Hätzfelder dort in Sicherheit gebracht.

Was die Namensfindung der Burg anbelangt, ergab ein Volksbegehren, dass der Vorschlag „Würzburg" die Mehrheit der Stimmen erreichte und weit abgeschlagen Vorschläge wie „Peterle-Burg", „Schnittlauch-Burg" und „Maggi-Burg" auf den Plätzen zwei, drei und vier landeten. Eine ungültige Stimme enthielt die wirre Bezeichnung „Schoppen-Burg".

Die Frankenapostel

686 n. Chr. und e paar Jährle. Die kleine Fischersiedlung am Fuße der Würzburg prosperierte sehr schnell. Einige der Fischer stellten alsbald fest, dass sich nicht nur durch Fischfang Geld verdienen ließ, sondern auch mit dem Handel derselben und anderer Lebensmittel. Von den findigen Händlern sei zu erwähnen die der Familie Kupsch, die sich letztlich gegen die örtliche Konkurrenz mit etlichen Filialen durchsetzen konnte. Nachdem einige Fischer überraschend festgestellt hatten, dass sich mit einer Furt der Main in einer Knöcheltiefe von 50 bis 60 Zentimetern überqueren ließ, wurde auch das rechtsmainische Ufer besiedelt.

Immobilienspekulanten und Investoren entdeckten schnell die Möglichkeiten eines Zukunftsmarktes jenseits der alten Siedlung. Nachdem das Land erschlossen worden war, kamen schnell junge Familien, Ruheständler und auch Neuwürzburger, um sich hier ein Häuschen zu bauen. Unter ihnen seien vor allem der Herzog Radulf und seine Nachfolger Hetan und Gosbert hervorzuheben.

Auf der Domplatte, dem heutigen Kürschnerhof, entstand auf hochwassersicherem Festland in exponierter Lage ein kleiner, aber feiner Regierungssitz für die sich nunmehr in Würzburg etablierte blaublütige Prominenz. In einer Prachtvilla, von einem bekannten Architekten, der einige Jahre in Rom studiert hatte, großzügig entworfen, residierten die Herzöge in retrorömischer Pracht. Man sprach unter vorgehaltener Hand von 3 Schlafzimmern mit je einem Bad und Wellnessbereich sowie begehbaren Kleiderschränken, großzügigen Kochinseln und Loungen. Das Personal, Knechte, Mägde und Wachleute, bestand größtenteils aus Pendlern der umliegenden Siedlungen. Zudem entwickelte sich mit Händlern und Handwerkern auf der heutigen Schönbornstraße ein reges Geschäftsleben mit Auslagen und Sonderangeboten, das zum Grundstock der späteren Einkaufsstraße in 1a-Qualität wurde. So weit, so gut. Wir schreiben nunmehr das Jahr 686, als sich ein shakespearehaftes Drama am Hofe des residierenden Herzogs Gosbert ereignete, welches das Schicksal der Stadt bis heute grundlegend geprägt hat.

Es war ein kalter, regnerischer Winterabend, als drei bärtige Männer in durchnässter und minderwertiger Outdoorbekleidung an das Tor des herzoglichen Saalbaus hämmerten und Einlass begehrten. Sie nannten sich Kilian, Kolonat und Totnan und behaupteten von Beruf christliche Missionare aus dem fernen Irland zu sein. An dieser Stelle fragt sich der intelligente Leser, wie es denn mit der Verständigung zwischen dem Wachpersonal und den christlichen Fundamentalisten bestellt gewesen war. Die einen sprachen irisch, die anderen fränkisch. Darüber schweigt die katholische Exegese, wohl wissend, dass darin ein Schwachpunkt der Story steckt. Nachdem man sie versorgt und getrocknet hatte, wurden sie dem Herzog Gosbert vorgeführt. Dieser war mit der Witwe seines verstorbenen Bruders verheiratet, dessen Schicksal für den Fortgang der Sage bedeutungslos ist. Besagte Witwe hieß Geilana, war ansehnlich, aber von minderem Charakter, was für die Sage noch von Bedeutung sein wird.

Die Missionierung durch Kilian und seine Begleiter hatte Erfolg und stieß beim Herzog Gosbert auf interessierte Ohren. Im Gegensatz zu den bis dahin heidnischen Gebräuchen mit wenig Aussicht auf ein Leben nach dem Tod eröffnete das Christentum verlockendere Perspektiven mit einem Paradies, inklusive Schlaraffenland und Partys mit Engeln und Heiligen, sowie christlich geprägte Events ohne Ende. Gosbert war der Chef und hatte das Sagen und so ordnete er unverzüglich an, dass sich seine Familie einschließlich Gefolgschaft christlich taufen lassen sollte, um Zugang zu dem paradiesischen Leben zu erhalten, gegen Aufpreis auch zu Partys und Events.

Nun kommt der Haken an der Story. Im damaligen Kirchenrecht befand sich eine kleine, unscheinbare, aber – zumindest für Geilana, die Ehefrau

Gosberts – unangenehme Klausel. Diese besagte, dass Ehen mit Verwandten nichtig seien, auch wenn sie nicht blutsverwandt waren. Kilian, wahrscheinlich ein studierter Kirchenrechtler, wies den Herzog auf diese rechtliche Voraussetzung hin: „Entweder Bekehrung mit Paradies und allem dazugehörigem „Hully-Gully" (sprich Halli-Galli, irischer Begriff für „Lass die Sau raus") oder „Go to Hell" (irisch für „heidnische Alternative"). Gosbert startete daraufhin noch einen letzten Versuch, seine Ehe mit Geilana zu retten, und fragte Kilian, ob es vielleicht einen Kompromiss gäbe. Worauf dieser antwortete:

„May be, you are in heaven half an hour
before the devil knows, that you are dead!"
(Originalzitat Kilians auf Irisch)

Gosbert entschied sich für die sichere Variante mit dem direkten Weg über eine Taufe und reichte die Scheidung ein. Nach anwaltlicher Beratung über die Rechtsfolgen einer Annullierung ihrer Ehe wie Verlust von Unterhalt, Zugewinn und Erbfolge fasste Geilana den Entschluss, sich der irischen Störenfriede mittels mafiöser Methoden zu entledigen. Zwei Auftragskiller waren schnell gefunden und brachten die Missionare während einer geschäftlichen Abwesenheit Gosberts kurzerhand um. Die ermordeten Iren wurden allerdings dilettantisch entsorgt, man geht davon aus, dass sie in einem Pferdestall verscharrt wurden. Es sei an dieser Stelle erwähnt, dass diese Methode der Beseitigung keine Zukunft hatte und in Mafiakreisen wenig Zuspruch fand. Pferdeställe wurden out.

Der Showdown blieb nicht aus. Gosbert, zurückgekehrt von seinen Geschäften, glaubte nicht den Beteuerungen seiner Frau, die Iren wären weiter ihres Weges gegangen. Nachdem die Leichen im Stall entdeckt wurden, gestand Geilana ihre Tat. Die Auftragskiller wurden auf die gleiche Weise wie ihr erledigtes Geschäft beseitigt und Geilana wurde mit schweren Depressionen und Wahnvorstellungen in eine Klinik bei Werneck eingeliefert. Hier endet abrupt die Schilderung der Legende und das weitere Schicksal Gosberts und Geilanas bleibt im Dunkel der Geschichte.

Allerdings wurden die letzten Sätze Kilians vor seiner Ermordung in dem irischen Band „Famous last Words“ wie folgt zitiert:

„It was a fucking idea to go to that bloody Würzburg!“

Der erste Dom

8. Juli 788 n. Chr. (Kilianstag). Kurz nach dem Martyrium der Frankenapostel wurde Würzburg 704 in einem Dokument zum ersten Mal als Stadt erwähnt, was offiziell als ihre Geburtsstunde angesehen wird. Davor galt Würzburg als Dorf wie all die Käffer außen herum.

Der erste Bischof von Würzburg hieß Burkard. Er war Engländer und wurde vom hl. Bonifatius, ebenfalls Engländer und Freund Burkards, ins Bistum eingesetzt. Auch hierbei ist es auffällig und schwer nachvollziehbar, wie Burkard sich mit den ortsansässigen Würzburgern verständigen konnte, zumal er englisch und die anderen fränkisch sprachen und die Kunstsprache Esperanto sich auch damals schon nicht durchgesetzt hatte. Es lag deshalb nahe, dass die Engländer ihre Posten unter ihresgleichen verteilten. Besagter Burkard ließ die in einem Pferdestall gefundenen Gebeine der nunmehr als „Frankenapostel" bezeichneten Missionare Kilian, Kolonat und Totnan zuerst auf den Marienberg in die dort bereits vorhandene Marienkirche verbringen. Schnell sprach es sich im Bistum herum, dass die Gebeine der Frankenapostel homöopathisch wirksam seien. Bei allerlei Gebrechen empfahlen vor allem Druiden den Kranken, zu den heiligen Knochen zu pilgern, egal ob auf Krankenschein oder als Privatpatient. Allerdings war der Weg hinauf zu der kleinen Kirche auf dem Burgberg kein Zuckerschlecken: im Sommer zu heiß, im Winter sehr, sehr rutschig. Auf vielfaches Bitten der Heilsuchenden an Burkard, doch in der Stadt eine Kirche zu errichten, in die man die Gebeine legen könnte und die gleichsam behindertengerecht sei, antwortete dieser:

„Yes, we can! Let's built a church without handicap!"
(Englischer Originalton Burkard)

Und so errichtete man über dem Fundort der Märtyrer, dem ehemaligen Pferdestall, einen ersten Dom. Da es seinerzeit schnell

Carlo

mit dem Dombau gehen musste und wenig Geld vorhanden war – Kirchensteuer war seinerzeit noch kein Thema –, wählte man Fertigbau aus Holz, allerdings unterkellert mit einer Gruft für die Gebeine der Frankenapostel. Das Wort Dom leitet sich vom lateinischen „domus“ ab, was nichts anderes als „Haus“ bedeutet, was bezüglich der Größe des Baus auch eins zu eins umgesetzt wurde.

Am 8. Juli 788 wurden die Gebeine der Frankenapostel dann in einer feierlichen Prozession von der Marienkirche auf der Burg in den rechtsmainischen Dom überführt, wobei einige Teilnehmer der Prozession beim Überqueren des Mains sich als Nichtschwimmer outeten und nicht mehr teilnahmen. Seither ist der 8. Juli der „Kilianstag“, an dem sich alle im Frankenland jedes Jahr freuen, dass man die Frankenapostel seinerzeit geköpft hat.

Der Kiliansdom (Neubau)

Um 1000 bis 1188 n. Chr. 200 Jahre gingen ins Land und mehrere Reparaturen und auch Anbauten wurden am Dom durchgeführt, als um 1000 herum ein Blitzeinschlag dem hölzernen Kirchenbau ein Ende setzte und ihn auf ein Häufchen Asche reduzierte. Die herbeigerufene Feuerwehr konnte wegen wildparkender Fahrzeuge und Fehlens einer Rettungsgasse nur noch einen Aschehaufen attestieren.

Zu dieser Zeit wurde Bruno aus Kärnten zum Bischof von Würzburg geweiht. Er war für sein Interesse an moderner Kirchenarchitektur und für seine Gigantomanie gleichermaßen bekannt. Er erwarb in unmittelbarer Nähe des abgebrannten Doms ein großes Grundstück, welches schon erschlossen war. Hier beschloss er einen gewaltigen Kirchenbau zu errichten. Der Zufall wollte es, dass ein Baumeister des Weges kam, der zuvor am Dom zu Speyer gearbeitet hatte, arbeitslos war und daher „stempelte". Bruno erkannte sofort die Gelegenheit und fragte ihn:

„Nun, Baumeister, wie sieht es aus. Kannst du mir hier an dieser Stelle einen gewaltigen Kirchenbau aus Stein errichten?"
„Das kann ich wohl, Bischof! Wie viele sollen denn reingehen in die Kirche?"
„Alle!"
„Was heißt alle?"
„Na, alle meine Würzburger. Fünftausend!"
„O Bruno, das wird aber eine größere Angelegenheit!"
„Macht nichts. Fang halt mal an!"

Und so begann um 1040 der Baumeister mit dem Bau des heutigen Doms am Westportal. Nach dem ersten Pfeiler starb Bischof Bruno; nach dem dritten starb der Baumeister. Und dann zog es sich dahin: Schlechtwetter, kein Mörtel, kein Material und: „IG Bau-Steine-Erden", die Gewerkschaft!

Endlich, 1188, war der Dom dann fertiggestellt und wurde feierlich eingeweiht. Zur Einweihungsmesse fanden sich neben dem Kaiser Barbarossa schließlich alle Würzburger im Dom ein: dreitausend. Zweitausend waren zwischenzeitlich gestorben.

Die neue Alte Mainbrücke

1133 nach Chr. Heutzutage ist es ein alltäglicher Vorgang, einen Fluss mithilfe einer Brücke zu überqueren. Würzburg allein hat sieben Brücken: von der Konrad-Adenauer-Brücke bei Hätzfeld mainabwärts bis zur Brücke im Neuen Hafen, die das Gewerbegebiet mit Zell verbindet; der Fußgängersteg zum Steinbachtal ist mitgezählt.

Aber versetzen wir uns einfach mal 900 Jahre zurück ins Jahr 1121. Da hat man in Würzburg vergeblich nach einer Brücke über den Main Ausschau gehalten. Von Hätzfeld bis Zell gab es keine einzige Brücke über den Main, ja nicht einmal von der Mündung bei Mainz bis zur Quelle im Fichtelgebirge. Dort allerdings brauchte man auch keine, man konnte über den Weißen oder Roten Main auch drüberspringen.

In Würzburg gab es nur eine Furt vom Meeviertel hinüber zur Domstadt. Wer hinüberwollte, bekam nasse Füße, wenn er dies vermeiden wollte, musste er sich tragen lassen. „Furtträger" war damals ein anerkannter Beruf mit kurzer Ausbildung und ausschließlich von Männern ausgeübt. Frauen hatten sich einmal auch dafür interessiert, allerdings sprach es sich in Frauenkreisen schnell herum, dass das Gewerbe hart sei und wenig einbringe.

Der prominenteste Furtträger hieß Christophorus und brachte es in der christlichen Mythologie zum Heiligen, eine ungewöhnliche Karriere. Im Gegensatz zu heute war damals auch Schwimmen nicht weit verbreitet, es gab weder Schwimmkurse noch sah man Schwimmen als lebensnotwendig an. Auch bei den Furtträgern waren Schwimmkenntnisse kein Zulassungskriterium, es genügte der Nachweis, zwei bis drei Mal den Main überqueren zu können, ohne zu ertrinken. Die Sterberate bei Furtträgern war sehr hoch. Auch ein Begräbnis war nach Ertrinken nicht nötig, da sich bei Betriebsunfällen sowohl Träger wie Transportperson biologisch entsorgten. Furtträger wurden von Versicherungen nicht aufgenommen, wie heutzutage beispielsweise Selbstmörder.

Eine weitere Möglichkeit, den Main zu überqueren, war seinerzeit mit Fähren. Es bestand über den Main jahrhundertelang ein reger Fährverkehr. Die letzten Fährleute übten den Beruf bis nach 1945 aus. Ich kannte noch einen Fährbetrieb ins Steinbachtal an der Stelle, wo sich heute der Theodor-Heuss-Steg befindet. Allerdings sollte nicht verschwiegen werden, dass auch der Fährbetrieb seine Tücken hatte. Je nachdem wie stark die Strömung des Mains war, erreichte man das andere Ufer erst bei Veitshöchheim, nicht gesicherte Quellen berichten sogar von Anlandungen bei Zellingen. In diesen Fällen kam es zu Lieferverzögerungen.

Furtträger und Fährleute erlebten das jähe Ende ihres Berufsstandes zu Beginn des 12. Jahrhunderts, als eine Gruppe von Investoren, bestehend aus Kirchenvertretern und Bauspekulanten aus dem Stadtrat, ein Brückenprojekt über den Main planten. Brücken waren damals profitable Zukunftsprojekte und zugleich eine aussichtsreiche Einnahmequelle. Die Idee des Brückenbaus mit Gebühren kam aus Italien, wo Fernstraßen wie die Via Claudia Augusta oder die Via Raetia schon immer mit Straßengebühren belegt waren. Auch der Brückenbau war seit der Antike im ganzen Römischen Reich bekannt, ebenso seine Refinanzierung durch Brückenzoll.

So begann man in Würzburg an der Stelle der bis dahin bestehenden Furt mit dem Bau einer Brücke. Allerdings sind weder der Baubeginn noch der Baumeister bekannt. Gesichert allerdings ist ein Eintrag in der Stadtchronik von 1133, wo vermerkt ist, dass ein Baumeister Enzelin für seine Arbeit an der damals Neuen (heute Alten) Mainbrücke seine Entlohnung bekam. Soweit bekannt, musste Enzelin, der auch maßgeblich am damaligen Dombau beteiligt war, seine Einnahmen zuhause bei seiner Ehefrau Gertraud abliefern, den diese dann in einen Kirchenbau in der Pleich für ihr zukünftiges Seelenheil investierte.

Da seit Römerzeiten die Schlusszahlung bei Bauwerken jeglicher Art erst nach Abnahme des Gewerks erfolgt und sich bis heute daran nichts geändert hat, kann es als gesichert gelten, dass die

Mainbrücke 1133 fertiggestellt war. Sie gilt deshalb als die älteste Steinbrücke in Deutschland.

Nur der Form halber sei erwähnt, dass Regensburg dieses Alleinstellungsmerkmal Würzburg streitig macht. Wäre dazu eine Grundlage gegeben, dann sollte man in Regensburg das an der Steinernen Brücke angebrachte Schild mit dem Baubeginn 1135 und dem Fertigstellungsjahr 1146 entfernen. Im Jahr 1146 war die Mainbrücke zum ersten Mal wegen Renovierungsarbeiten zeitweilig geschlossen. Furtträger und Fährleute erlebten während der jahrelangen Renovierung eine kurzzeitige Renaissance.

Die Hochzeit Kaiser Barbarossas zu Würzburg

1156 n. Chr. Apropos Kaiser Friedrich I., der wegen seines roten Bartes schon zu Schulzeiten als „Barbarossa" gehänselt wurde. Es sollte nicht unerwähnt bleiben, dass dieser Stauferkaiser einen Narren an Würzburg gefressen hatte, besser gesagt einen „All-inclusive-Urlaub". Sage und schreibe achtzehn Mal verweilte er ausgiebig in der Domstadt. Grund dürfte die Sterneküche des Bischofs Gebhard von Henneberg gewesen sein – man sprach von zwei Sternen im Michelin und mehreren Kochmützen im Gault-Millau – und dessen sagenhafter Weinkeller. Da auf die Dauer allerdings die Hotelrechnungen zu teuer wurden, baute der Kaiser sich am Schottenanger eine kleine Pfalz als Ferienhaus. Somit wurde der Schottenanger zum „Dreiländer-Eck" von Würzburg: ein Stückchen bürgerlich, ein Stückchen bischöflich und etwas kaiserlich.

Doch ein Kaiser nebst Gattin kam selten allein zu Besuch. Das wäre noch übersichtlich gewesen, die hätte man im Gästezimmer des Bischofs noch unterbringen können. Nein, im Gefolge des Kaisers befanden sich ein stattliches Heer von Angestellten. Marketenderinnen, Fuhrknechte und Diener, Handwerker und Kaufleute, nicht zu vergessen die gesamte Familie mit Kind und Kegel, also satte 2000 bis 3000 Männer und Frauen. Allerdings hungrige und durstige Männer und Frauen, sehr, sehr hungrige und sehr, sehr durstige. Und die musste der Bischof allesamt versorgen, mit Sterneküche und edlen Tröpfchen aus seinem Weinkeller.

Man stelle es sich doch nur mal vor, es klingelt an der Tür, die Hausfrau öffnet und da steht, welch Überraschung, Herr Kaiser auf der Matte. „Nur hereinspaziert", sagt die Hausfrau höflich und dann folgt nach Herrn Kaiser noch einer und noch einer und noch einer und so geht das mehrere Stunden, ach was, Tage zu, bis alle im Wohnzimmer sind. Ich möchte nicht das Gesicht von Bischof Gebhard von Hennebergs Frau gesehen haben. Die

Ehe soll aber ohnehin nicht harmonisch gewesen sein, sagte man seinerzeit hinter vorgehaltener Hand.

Im heutigen Sinne wäre der Kaiser sicherlich ein Obdachloser gewesen, da er weder eine feste Burg noch einen amtlichen festen Wohnsitz hatte. Allerdings ein sehr adeliger und reicher Obdachloser, vergleichbar mit Udo Lindenberg. Er zog von Pfalz zu Pfalz und fraß und soff sich auf Kosten anderer durch, vergleichbar mit Udo Lindenberg. „Kaiser sein“ war damals kein angesehener Job in der Öffentlichkeit, weiß Gott nicht. Udo Lindenberg zu sein dagegen sehr!

Kommen wir nun zu dem geschichtlichen Ereignis, das im Kaisersaal der Residenz den Venezianer Tiepolo zu seinem berühmten Gemälde inspiriert hat. Es soll 1156 gewesen sein, als der Kaiser sich entschloss wieder den Bund der Ehe mit der schönen Beatrix aus Burgund einzugehen. Eigentlich war die beabsichtigte Hochzeit in vielerlei Hinsicht für den Kaiser ein Gewinn.

Neben der sprichwörtlichen Schönheit der jungen Dame, die auf keiner Titelseite von Gala und dergleichen fehlte, bekam er dazu das Herzogtum Burgund, das sich von den Niederlanden bis nach Italien erstreckte. In jeder Hinsicht ein Jackpot für Barbarossa! Wäre da nicht ein kleiner Haken gewesen, nämlich das Alter der jungen Dame. Sie war minderjährig, ach was, noch ein Kind von zwölf Jahren! Da der Staatsanwalt somit noch die Hand zwischen den Oberschenkeln hielt, war guter Rat für den Kaiser teuer. So kam er auf die Idee, seinen alten Freund und Spezi Gebhard aus Würzburg zu fragen, ob er die Trauung vollziehen würde. Er würde sich auch an den Kosten für die Hochzeit beteiligen und überdies den Bischof zum Herzog von Franken ernennen. Die Karte stach beim Bischof, Herz-Ober! Bischof und Herzog gleichzeitig, also Fürstbischof, das zählt. Nach dem Deal fragte er beim Hinausgehen noch den Bräutigam nach dem

Alter der Zukünftigen, worauf der Kaiser „zwölf" sagte und beruhigend hinzufügte: Jahrgang zwölf, also 1112.

Es sollte nicht unerwähnt bleiben, dass der Bischof Gebhard umso überraschter gewesen war, als in der Hochzeitsmesse vor ihm ein hochbetagter Kaiser und ein blutjunges Mädchen aus Burgund den Bund der Ehe eingingen.
„Die hat sich aber gut gehalten, Friedrich!", entfuhr es dem Bischof, worauf dieser geantwortet haben soll: „Das liegt an der Gegend, Gebhard. Die Mädels in Frankreich halten sich einfach besser als die unsrigen."

Tja, und was lernen wir daraus? „Kaiser sein" ist ein geiler Job und doch besser als Udo Lindenberg!

Wie der Grafeneckart das Rathaus zu Würzburg wurde

1200 n. Chr. Würzburg um 1200 war kein gutes Pflaster, die Mafia in Italien oder die Gangs von New York waren dagegen karitative Einrichtungen. Zu viele Interessen und Mächte stritten und zankten sich untereinander, Mord und Totschlag waren in der Stadt an der Tagesordnung. Sieht man einmal von der Entsorgung missliebiger Konkurrenten ab, so hat sich, was die beteiligten Influencer anbelangt, bis heute nichts geändert, nur die Namen der Akteure.

Da waren zum einen die staatlichen Mächte, vertreten durch den Kaiser Barbarossa und den König Philipp, die einige Besitztümer in Würzburg hatten. Dann waren da noch die Pfaffen und ihr Bischof, Konrad von Querfurt, die ihr Vermögen stetig erweiterten und es in Betongold anlegten. Und zu guter Letzt noch die Bürgerschaft und ihre Anführer in Gestalt von Ritterfamilien. Was die Methoden der Konfliktbereinigung untereinander anbetrifft, so machte man seinem Feind entweder ein Angebot, das er nicht ablehnen konnte, oder er konnte gleich sein Testament machen, soweit er noch dazu kam.

Exemplarisch für die Vorgehensweise seiner Zeit und gleichsam als ein Lehrstück zur Konfliktbereinigung seien hier die Ereignisse um den Grafen Eckhart geschildert. Er war in seiner Funktion als Hofschultheiß des Bischofs dessen Vollzugsbeamter in jeglicher Hinsicht, sowohl in Geldangelegenheiten wie auch in der Einhaltung der Ordnung. Kein guter Job, aber einträglich, sodass er sich ein repräsentatives Haus in Bestlage mit einem Turm als Phallussymbol der Macht leisten konnte.

Der weitere Akteur in dem Thriller war der adelige Ritter Bodo von Ravensburg, durch Handauflegung und entsprechende Zahlung an den Kaiser von diesem zum Ritter fünften Grades erhoben. Auch kein guter Job, aber auch einträglich, da er mit einem Vorläufer des Toll-Collect-Systems das untere Maintal abkassierte.

Zudem war er mit dem Eckhart verwandt und wie es so ist mit Verwandten, man gönnt sich gegenseitig nichts. So nahm er das Wort „Blutsbande" wörtlich und ließ seinen Verwandten Eckhart am 14. Dezember 1200 vor seinem Haus in der Domstraße umbringen. So stand es damals im Polizeibericht.

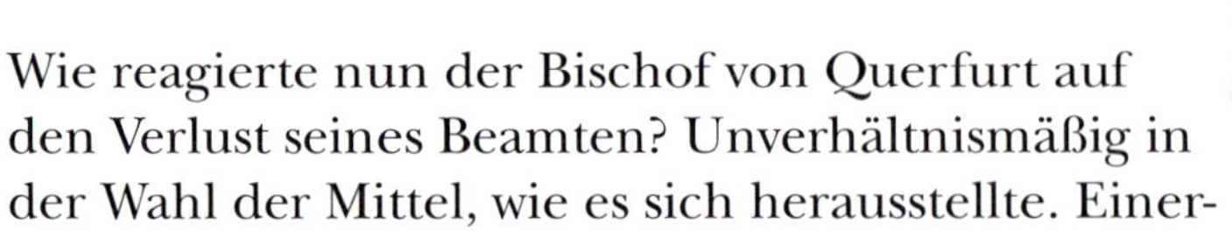

Wie reagierte nun der Bischof von Querfurt auf den Verlust seines Beamten? Unverhältnismäßig in der Wahl der Mittel, wie es sich herausstellte. Einerseits ließ er den Hof der Ravensburger in Würzburg zerstören. Dieses Vorgehen war durch die Wahl der Mittel angemessen und auch gesetzlich gedeckt, denn durch Auftragsmord erworbene Vermögensvorteile wurden damals wie heute eingezogen. Passt. Aber dann überzog der Bischof. Er ließ zudem im Keller des ravensburgischen Anwesens 60 Fuder Wein auslaufen – 60 Fuder! Das waren 528 Liter Wein und umgerechnet 2112 Schoppen! Legt man einen durchschnittlichen Weinverbrauch um 1200 von vier Schoppen Wein täglich zugrunde, dann hat der Bischof ihn um Vorräte für 528 Tage gebracht. Da wäre mir auch der Gaul durchgegangen. Und so hat der Bodo am 3. Dezember 1202 den Bischof von Querfurt vor dem Marmelsteiner Hof auch hingemacht. So stand es daraufhin im Nachruf des katholischen Sonntagsblättchens.

Was auf Bischofsmord seinerzeit stand, ist aus Rom bekannt: Kirchenbann, vier Jahre Söldnerdienst in Palästina im Kampf gegen die Moslems, nur barfuß und keine Luxuskleidung, verboten waren Pelze und farbige Kleidung, strengstes Fasten und täglich hundert Vaterunser, kein Fernseher oder Kinobesuch und ein Wiederheiratsverbot nach dem Tod seiner Frau, was von Bodo als mildernder Umstand angesehen wurde. „Der kann mich mal am Oarsch geleck, der Papst!“, soll der Ravensburger damals gesagt haben und gehörte weiterhin ohne Strafe zu den Spitzen des örtlichen Adels. Das kommt einem doch irgendwie bekannt vor, oder?

Die Immobilie des Grafen Eckhart war durch die Ereignisse und Umstände seines Todes schlecht zu vermarkten. Vergeblich versuchten Generationen von Immobilienhändlern wie Pfister und Vogel das Objekt an den Mann zu bringen, vergeblich. Erst 1316 kaufte die Stadt das Anwesen und restaurierte es gründlich, was jedoch nichts an dem Fluch änderte, der auf dem Haus lag. Intrigen und Ränke, Mord und Totschlag bestimmten über die Jahrhunderte bis heute, wenn auch nur im übertragenen Sinn, die Gepflogenheiten im Stadtrat. Vielleicht wäre es ratsamer gewesen, die Würzburger hätten sich ein eigenes Rathaus gebaut, das nicht mit solch einer Vorgeschichte belastet ist.

Walther von der Vogelweide im Lusamgärtchen

1230 n. Chr. In einer Ecke des romanischen Kreuzgangs der Neumünsterkirche steht einsam ein Grabstein unter einer schattigen Linde. Dort, im Lusamgärtle, wie es die Würzburger liebevoll nennen und das früher Grashof hieß, liegt der Florian Silbereisen des Mittelalters begraben. Der hieß seinerzeit Walther von der Vogelweide und war auch nicht mit Helene Fischer liiert. Aber auch von einer Frau von der Vogelweide ist in den Quellen nichts bekannt, auch keine Kinder, möglich ist auch, dass er schwul war, was bei Minnesängern durchaus gängig gewesen ist. Männer in Strumpfhosen und schmalzige Schnulzen könnten jedenfalls ein Indiz dafür sein, wenn auch kein Beweis.

Wer war dieser Walther von der Vogelweide, mit dessen Liedern sich unzählige Generationen von Schülerinnen und Schülern plagen mussten, um sie auswendig zu lernen? Sein Leben und Werk liegen in der Dunkelheit des Mittelalters verborgen, zumal er selbst nichts aufgeschrieben hat. Woran das wohl gelegen hat? Vielleicht daran, dass er nicht schreiben konnte, oder war er Legastheniker, vielleicht hatte er auch Papier und Bleistift nicht zur Hand, wenn ihm eine Melodie einfiel? Man weiß es nicht, seltsam. Es fängt schon mit der Bestimmung seines Geburtsortes an. Wurde er in Niederösterreich geboren oder im mittelfränkischen Feuchtwangen? Man weiß es nicht. So setzt es sich fort mit dem Geburtsjahr des Sängers. Die einen behaupten, er sei im Jahre 1160 geboren, andere wiederum sagen 1170. Man stelle sich das nur mal vor! Zehn Jahre zeugen von einer schweren Geburt!

So ist es auch mit seinem Ableben. Schon das Todesjahr ist nicht bekannt, meint man. Aber halt, ich kenne einen, der hat es gewusst. Es war mein Oberlehrer Ruß aus der Schillerschule. Noch heute könnte man mich um Mitternacht wecken und sofort würde mir die Eselsbrücke des Oberlehrers einfallen: „eins-zwei-drei-null, Walther fiel vom Stuhl!" Ähnliche Sprüche wie „sieben-fünfdrei, Rom kroch aus dem Ei“ oder „drei-drei-drei, bei Issos Keilerei“ sind mir stets in Erinnerung. Non scholae sed vitae discimus!

Im Jahr 1230 und nicht irgendwann mal ist Walther gestorben, und zwar in Würzburg und nicht, wie einige Klugscheißer meinen, in Südtirol. Man stelle sich vor: Die Bozener erdreisten sich sogar, einen Platz in ihrer Stadt nach ihm zu benennen, und, welch eine Anmaßung, sie stellen sogar seinen Grabstein auf. Aber die Bozener sind alles Lügenbeutel.

So, alles schön der Reihe nach. Sicher ist, dass der Stauferkaiser Friedrich II. Walthers Parteigang für ihn mit einem Lehen gedankt hat, das im Stift Neumünster zu Würzburg lag. Mit diesem Rentenbescheid war der Lebensabend des armen Künstlers ein für alle Mal gesichert: „Ich hab mein Lehen, alle Welt, ich hab mein Lehen!“, jubelte er bei Zustellung des Bescheids, der noch erhalten ist und aus dem hervorgeht, dass er nicht nur ein Wohnrecht auf Lebenszeit erhielt, sondern auch Schoppen, Blaue Zipfel und Brotzeit ohne Ende! Ganz ehrlich, das steht da drinnen, oder so ähnlich. Und jetzt mal unter uns Sportsfreunden, liebe Bozener. Glaubt ihr wirklich, dass der Walther bei solch einer Rente Lust verspürte, sein Köfferchen zu packen und zum Sterben nach Bozen zu gehen? Von wegen, er liegt zufrieden und selig im Lusamgärtchen zu Würzburg unter einem Grabstein des Verschönerungsvereins von 1930 und genießt Frankenwein, Blaue Zipfel und Vesper – quod erat demonstrandum!

„Herr Walther von der Vogelweide, swer dez vergaeze, der taet mir leide“ – so steht es auf dem Grabstein im Lusamgärtchen, ein Spruch seines Freundes Hugo von Trimberg. Aber die Würzburger haben ihren Walther nie vergessen. Sein Grab ist stets mit Blumen geschmückt, und das zu jeder Jahreszeit.

WALTER
Carlo

Des Öfteren findet man auch ein Röschen darauf. Das, so sagt man, kommt sicherlich von einer Frau gleich welchen Alters, welche an Liebeskummer leidet. Dagegen hilft traditionsgemäß eine Rose auf dem Grab des Minnesängers. Denn wenn die Rose verblüht, geht mit ihr auch der Liebeskummer.

Kleiner Tipp des Autors:
Eine schon verwelkte Rose tut es auch, so geht es schneller und ist billiger! Tja, so sind wir halt, wir Männer, Verursacher und Heilsbringer in einer Person.

Immer Ärger mit der Obrigkeit

1256 n. Chr. Der erste bekannte Stadtrat wird 1256 erwähnt. Allerdings ist nicht bekannt, wie er sich zusammensetzte. Waren es damals schon die „Schwarzen" von der CSU? Oder die „Roten" von SPD oder gar schon die „Grünen"? Unwahrscheinlich, da es seinerzeit die Arbeiterschaft noch nicht gegeben hat, und „grün" waren die Menschen damals alle, nur dass man es nicht wusste. Und die „Schwarzen" sind eigentlich nur die Nachfolgepartei für die Geistlichkeit und die machte damals schon den Bürgern reichlich Ärger. Also betrachten wir es nüchtern und parteilos und sehen den ersten Stadtrat als Spiegelbild der damaligen Gesellschaft. So waren die Zünfte darin vertreten wie Bäcker, Metzger, Fischer oder Dienstleister wie Huren, Ärzte, Henker und Totengräber, beide in einer Zunft, da man Hand in Hand arbeitete, und zu guter Letzt auch noch die Nachtwächter. Man kannte sich, man schätzte sich, vor allem die Huren kannten alle.

Das ewigwährende Problem war das Geld beziehungsweise die Steuern. Die Meinung der Geistlichkeit, vertreten durch den Bischof, über die Verteilung lag diametral entgegengesetzt zur Meinung der Würzburger Bürger. Im Geld lag alles Übel zwischen Bischof und Stadt und so sollte es noch für Jahrhunderte sein.

Kommen wir nun zum Ursprung des ganzen Übels. Es war im Jahr 1246, als der Bischof „Hermann der Erschde" Kassensturz in seinem Säckel machte und feststellte, dass nach massenhaften Kirchenaustritten die Kirchensteuereinnahmen sich dem Nullpunkt näherten. Also mussten neue Quellen erschlossen werden, und zwar mit Steuern bei den Bürgern. Schon lange war es dem Bischof aufgefallen, dass die Würzburger ein zunehmend fröhlich feierndes Völkchen waren. Ein Fest gab dem anderen die Klinke in die Hand: Mal war es ein Brückenfest, gefolgt von wechselnden Weindörfern auf dem Marktplatz: Weißwein-Fest, Rotwein-Fest und im Herbst ein Federweißen-Fest. Ganz zu schweigen vom

Stadtfest und von den Faschingsbällen: der Bäcker-Ball, Metzger-Ball, Ärzte-Ball und Huren-Ball, letzterer mit stetig steigender Beliebtheit und wachsender männlicher Teilnehmerzahl. Somit fasste der Bischof den Entschluss, die Würzburger pekuniär zu melken. Da er es sich aber alleine nicht traute, suchte er Unterstützung bei den angrenzenden Rittern und Grafen. In einem konspirativen Treffen auf der Festung wurde beschlossen gemeinsame Sache zu machen, sie nannten es „cosa nostra" – unsere Sache. Es gab jedoch damals ein Leck in Gestalt eines Dieners, der beim Treffen belegte Schnittchen und Wein servierte. Das Leck informierte den Stadtrat und es kam zum Showdown zwischen dem Rat und dem Bischof.

Es war der 20. November 1246, ein nebelverhangener und kalter Donnerstag, als gegen Mittag der Bischof wie immer in regelmäßiger Gewohnheit von der Festung zur Messe im Dom ritt. Kein Mensch war weit und breit zu sehen, gespenstisch leer war das Mainviertel. Obgleich den Bischof kein gutes Gefühl beschlich, ritt er mit ritterlichem Gefolge über die Alte Mainbrücke. Als sich die Gruppe in der Brückenmitte befand, schlugen die Bürger zu.

Die Räte Felgenhauer und Kuttenkeuler verriegelten das Tor beim Brückenbäck und gleichzeitig auf der gegenüberliegenden Seite die Räte Löw und Dürrnagel das Tor an der Mainmühle. Der Bischof saß in der Falle. Dann stürmten mit Gebrüll der Rat Grimm mit seinen Plattnergesellen, heute würde man sie Blechbatscher nennen, aus der Zellerau und der Rat Rösner mit seiner Bäckerrass aus der Sanderau, gefolgt von den Metzgergesellen Hemberger von beiden Seiten auf die Schar des Bischofs zu, die völlig überrascht und konfus reagierte. Einige sprangen kopfüber in den Main und bereuten es gleichzeitig, an diesem Tag Eisen angezogen zu haben. Andere wurden gefangen genommen, ebenso der Bischof Hermann.

Tags darauf führten die Räte den Bischof gefesselt vor das Burgtor und forderten die Besatzung auf sich zu ergeben. Diese wiederum forderte von den Belagerern die Losung und Kombination des Schlosses am Tor, die nur der Bischof kannte. Also befreiten die Räte den Bischof von seinen Fesseln. Dieser nannte der Burgbesatzung die Losung und gab ihr die Kombination am Torschloss, worauf die Festungsbesatzung einen Ausfall machte und die Räte in wilder Panik davonliefen. Dumm gelaufen, und wer hatte eigentlich die Idee, dem Bischof die Fesseln abzunehmen? Darüber gibt es keine zuverlässigen Quellen. Gesichert ist aber, dass der Rat Grimm dem Rat Weber ein „Du Oarschloch!" zurief, bevor er in die Zellerau „stiften ging". Weber gehörte später nicht mehr dem Stadtrat an.

Der 20. November 1246 gilt bis heute als „der Scheißdaach" oder auch „Weberdaach". Warum er bis heute so heißt, weiß keiner.

„Zünftig" in den Zünften

(Ab 1110 bis) 1259 n. Chr. Die ersten Interessengemeinschaften der Stadt waren die Zünfte. Die älteste Zunft der Stadt wurde 1010 auch von der ersten Berufsgruppe gegründet, die in Würzburg ansässig waren, den Fischern. Natürlich ist der Sitz der Fischerzunft bis heute im Meeviertel, wenngleich die Zunftmitglieder heutzutage berufsmäßig nicht mehr dem Fischen nachgehen, sondern mehr dem Gefühl, einer besonderen Elite anzugehören. Soweit bekannt ist, besitzt keines der heutigen Zunftmitglieder einen Angelschein, noch war es jemals in einem Schelch mit Reuse oder Netz gesehen.

Das war damals bei Gründung der Zunft ganz anders. Man fühlte sich den Gesetzen des Marktes ausgeliefert, zumal die Konkurrenz aus Randersacker, Hätzfeld und weiterer Fischer der Mainanreiner mit Preisdumping den Markt versauten. Die Preise für Meefischli und Co fielen ins Bodenlose, ebenso die Aktien. Demos und spontane Aktionen in der Marktstraße vor dem Dom brachten keinen nennbaren Erfolg, zumal der Bischof bekanntermaßen keinen Fisch mochte. Nach einigen Aktionen trafen sich die Meefischer im „Goldenen Karpfen" in der Ersten Felsengasse zu einer Podiumsdiskussion. Aufgrund geschickter Moderation des Podiumsleiters beschloss man an dem Abend, es war ein fleischloser Freitag im Fastenmonat 1010, sich zu einer Interessengemeinschaft zusammenzuschließen. Der Name war schnell gefunden. Man nannte sich Zunft, da es an diesem Abend im Goldenen Karpfen „zünftig" zuging. Von da an wurde der Fischmarkt in Würzburg vom Kartell der Meefischer bestimmt, die Preise und Aktien zogen an und schnell war die ausländische Konkurrenz im Zaun gehalten. Die Folge war, dass die Fischerei in den anderen Maingemeinden mangels Absatzmärkten spürbar zurückging, wohingegen die Fischerzunft ihren Status hervorhob und nur noch universitär ausgebildete Mitglieder aufnahm.

Gänzlich anders ging es bei den Schustern, auch „Schlabbefligger" genannt, zu, deren Zunft 1128 gegründet wurde. Ihre Nachwuchssorgen machten sich auf dem Würzburger Schuhmarkt bemerkbar, zumal der Beruf des Schuhmachers bei jungen Leuten nicht angesehen war. Metzger und Bäcker standen ganz oben auf der Berufswunschliste der Schulabgänger, Schuhmacher rangierte am Ende der Liste kurz vor Totengräber und Henker. Die Gründung der Schuhmacherzunft erfolgte auch mehr zufällig, als sich seinerzeit die beiden einzigen Schuhmacher der Stadt bei einem Schoppen trafen und sich spontan entschlossen, eine Zunft zu gründen. Steuerliche Aspekte und eine Ausrede für die Frau zu haben, wegen der regelmäßigen Zunfttreffen dem heimischen Herd fernbleiben zu können, waren dabei ausschlaggebend.

Solche Sorgen hatten die Bäcker nicht und so waren gänzlich andere Gründe ausschlaggebend, als sich 1253 die Bäcker in der Semmelstraße trafen und eine Zunft gründeten. Das „Nacktbackverbot" wurde umgewandelt in ein „Nachtbackverbot", die Handgröße der Bäcker wurde festgelegt, da sich Kunden mehr und mehr über zu kleine Brötchen beschwerten. Dies führte bald dazu, dass als Semmelmaß das Hinterteil eines Menschen festgelegt wurde, was als Geburts-

PETRI HEIL
FISCHERZUNFT
Carlo

stunde des „Oarschkipfs“ gilt. Ein Bäcker bestand darauf, seinen Laden täglich schon ab 5 Uhr früh zu öffnen, da seine Kundschaft aus Nachtschwärmern wie Huren, Studenten und Männern der Stadtreinigung bestand.

Die Gründung der Zünfte blieb nicht ohne Folgen für andere Berufsgruppen. Es folgten 1212 die Kürschner am Kürschnerhof, 1213 die Gerber in der Gerbergasse und 1259 die Büttner in der Büttnergasse.

Auf Initiative eines Zunftfunktionärs bündelte man die verschiedenen Zünfte 1377 zu einer Dachgesellschaft und ging mit den Stadträten ein Bündnis ein, um Frieden und Eintracht in der Stadt zu wahren. Nicht vertreten waren in dieser Vereinigung die Gerber wegen ihres penetranten Gestanks nach Urin.

Die Bürgermahlzeit

1303 n. Chr. Die Würzburger sind ein „Feiervölkle“, sie feiern halt gerne und alles. Kein Anlass ist ihnen dazu zu banal. Wenn es einen neuen Bischof gibt, wird gefeiert, wenn es neuen Wein gibt, wird gefeiert, das Glacis wird gefeiert, das Theater wird gefeiert, die Kinder werden gefeiert, der Elferrat wird gefeiert, die Straßenmusikanten werden gefeiert. Und wenn es keinen Grund zum Feiern mehr gibt, na dann feiert man halt sich selber mit einem „Stadtfest“! Dieses Fest geht zurück auf die Bürgermahlzeit, die 1303 zum ersten Mal in Würzburg abgehalten wurde.

Der Anlass dazu war die Versöhnung zwischen König Albrecht von Habsburg und den Würzburger Bürgern, als er ihnen ihre alten Stadtrechte zurückgab. Zuvor hatten sich die Würzburger dem Rheinischen Städtebund angeschlossen um dadurch, wie so oft, vom Bischof loszukommen. Die Gründe des Jahrhunderte dauernden Streits waren wie immer Abgaben und Steuern, die der Bischof von ihnen erhob. Der Anschluss an den Rheinischen Städtebund hat dem Bischof sehr, sehr missfallen und so wurde die Reichsacht über Würzburg verhängt und alle Rechte der Bürger gingen verloren.

Doch der Bischof hatte die Rechnung ohne die Würzburger gemacht. Nach dem alten und bewährten Rezept „wer gut schmiert, der gut fährt“ schickten die Würzburger nach der Verhängung der Reichsacht dem König Albrecht einen Tanklastzug Frankenwein – 30 Fuder, umgerechnet 264,3 Liter, das waren 1057 Schoppen und ein Achtele! Der Lieferung war übrigens noch ein Zettel beigefügt: „Erste Lieferung, ab jetzt jährlich! Bitte hier unterschreiben: Albrecht, König“. Die Reichsacht wurde aufgehoben. Es ist historisch gesichert, dass der König an einer Leberzirrhose verstarb.

Wirtshaus
zum grünen
BAUM

Kommen wir nun zur Bürgermahlzeit zurück. Diese wurde im „Wirtshaus zum grünen Baum“ im Grafeneckart zubereitet und den Bürgern vom damaligen Wirt Curtius Schubertius aufgetragen. Besagter Wirt war eigentlich ein gebürtiger Hätzfelder und, so sagt man, ein Wirt, dem man äußerlich ansah, dass ihm sein eigenes Essen mundete. Den Speisezettel für die Bürgermahlzeit stellte er nach einer Pergamenthandschrift aus einem Würzburger Kloster aus der damaligen Zeit zusammen, das bis heute noch als das älteste Kochbuch Deutschlands gilt und überschrieben war mit „Wie man eyn teutsches Mannsbild bey Kräfften hält“. Für den besagten Wirt war der Titel Programm.

Hier die Speisekarte der ersten „Bürgermahlzeit“ aus dem Rathaus:

Speisekarte

Hecht von den Flus in suben (würzige Flusshechtsuppe) –
Rindfleysch mit Kreyter gesoten (Fleischbrüh)

Hechtkrepfla in gelber salse (Hechtklößchen in gelber Soße) –
Saibling von maistrekeu (feiner Saibling nach Art des Meisterkochs)

Ein gut geriht von Haßen (Hasentopf) –
Rucken vom rehwild an spis gepraten (Rehrücken vom Spieß)

Henner in salse von wein (Huhn in Weinsoße) –
Gentzpraten met blauwen krautzchol
(würzig gefüllte Gans mit Blaukraut)

Spanferchel pratem met fil guet semladorttem
(gebratene Spanferkelkeule mit knuspriger Semmeltorte) –
Gabassenes mit würst unnd faisten (königliche Schlachtplatte)

Wingerter salse (Weinsoße) –
Wirtzic salse von kren (Meerrettichsoße)

Blauwer krautzchol (Blaukraut) – gelbem ruben (gelbe Rüben) –
surekrut (Sauerkraut)

Semelknödl (Semmelknödel) – gschmaltzen nudl (Spätzle)

Epfel in wine (Bratäpfel in Wein gedünstet) –
Smolznudl (Schmalznudeln)

Ein Blick auf die Speisekarte des Ratskellers zeigt, dass sich bis heute die Speisen kaum geändert haben. Auch der Wirt ist noch derselbe, Kurt Schubert der Sechzehnte!

Das Bürgerspital

1316 n. Chr. Die Würzburger nennen ihre Senioren mit ihrem ureigenen Humor „Krabberle“, eine Mischung aus fränkischem Humor und Ironie. Dabei ist gerade der Anteil der Senioren unverhältnismäßig groß in der Stadt. Würzburg ist seit jeher ein beliebter Ort für Pensionäre und Rentner. Sogar pensionierte Beamte aus München zogen es vor, hier ihren Lebensabend zu verbringen. Die Gründe dafür sind vielseitig. Zum einen ist die Stadt schön gelegen, romantisch in einem Talkessel, von Weinbergen umgeben und mit mildem Klima gesegnet. Dazu kommt die Überschaubarkeit. Kurze Wege zu Bäcker und Metzger, zu Sehenswürdigkeiten wie Festung und Residenz, zu Grünanlagen wie dem Glacis und Klein Nizza, und, nicht zu unterschätzen, die Nähe zu Uni-Kliniken und Weinstuben! Gäbe es Studenten und Schüler nicht, Würzburg wäre total überaltert!

Der Ursprung für dieses Phänomen liegt im Jahr 1316. Damals gründete der Bürger Johannes von Steren (Steren = Widder, der auch das Familienwappen ziert) vor dem Hauger (= Hügel) Stadttor außerhalb der Stadt ein Spital für arme, kranke und obdachlose Würzburger Bürger, das drei Jahre später vom Bischof Gottfried von Hohenlohe von allen Lasten und Abgaben befreit wurde. Das war die Geburtsstunde des heutigen Bürgerspitals mit über 700-jähriger Tradition.

Das Außergewöhnliche am Bürgerspital ist jedoch seine wirtschaftliche Basis, die Weinberge. Bis heute tragen diese die Lasten der sozialen Stiftung. Den Grundstock dieser hochprozentigen Einnahmen legten 1340 die Gebrüder Teufel, Mitglieder einer wohlhabenden Würzburger Familie, indem sie ihre gesamten Weinberge dem Spital vermachten. Dieser soziale Akt führte zu dem Bonmot, „dass sogar der Teufel in Würzburg Gutes tut“!

Nicht allgemein bekannt ist allerdings, dass die Familie Teufel einen besonderen Grund zu dieser Schenkung hatte. Seinerzeit lebte im Hause Teufel eine hochbetagte Großmutter, ein lustiges

Haus mit viel Humor und einer Vorliebe für die örtlichen Weinstuben. So zog sie täglich ihre Runden von einem Lokal zum anderen und trug eine Vielzahl von Schoppen, sehr vorsichtig, damit nichts verschüttet wurde, nächtens nach Hause. Mit einem lustigen Lied auf den Lippen stolperte sie ins schlafende Haus und nach mehreren Versuchen hatte sie auch die Stiege zu ihrem Schlafzimmer erklommen, nicht ohne vorher alle Familienmitglieder dadurch geweckt zu haben. Dieser Zustand steigerte sich zu einem nicht mehr hinnehmbaren Verhalten und man setzte sich im Familienrat zusammen, um über das zukünftige Schicksal der Oma zu beraten. Schnell kam man zu dem Ergebnis, das Großmütterchen ins Bürgerspital zu verlegen, und eine Enkelin hatte die Idee, sie mit dem Versprechen zu locken, dass ihr täglicher Schoppen, an religiösen Festtagen gerne auch mal zwei oder mehrere, weiterhin aus den Erträgen der familiären Weinberge gesichert sei. Dazu schenkte man dem Spital eine stattliche Anzahl davon.

Gesagt, getan. Das lebenslustige „Krabberle“ zog mit diesem Versprechen sofort ins Bürgerspital und lebte dort zufrieden und „unter Strom“ bis an ihr Lebens-

..mein täglicher
rgerspital-Gratis-Schoppen !
Carlo

ende. Angeblich wurde auch ein Testament von ihr gefunden, in dem diese Tradition fortan allen Insassen des Bürgerspitals zugutekommen sollte. Wie dem auch sei, wahr oder nicht, Tatsache ist, dass bis heute jeder Bürgerspitäler seinen täglichen Schoppen erhält, an Sonntagen auch zwei.

Damit der Gast in den Weinstuben des Bürgerspitals mit ruhigem Gewissen seinen Beitrag dazu leistet, sei ihm versichert:

„Jeder Schluck ist eine gute Tat!"

Wenzel der Faule* und die Würzburger

1397 n. Chr. Eine menschliche Eigenschaft ist dem modernen Menschen total verloren gegangen – die Faulheit. Nicht nur, dass wir auf Leistung und Konkurrenz geschult sind. Schlimmer noch, Nichtstun wird vor allem als moralisch verwerflich angesehen. Völlig zu Unrecht! Faulheit, Nichtstun und Bequemlichkeit waren in früheren Zeiten eine menschliche Tugend, die zu Recht neben der Arbeit und dem Fleiß stand. Gleichberechtigt! In der Antike war es der Philosoph Diogenes, der in einer Tonne lebte und philosophierte. Als er eines Tages von Alexander dem Großen besucht wurde und dieser ihm alle nur erdenklichen Wünsche erfüllen wollte, sagte er nur, er möge ihm bitte aus der Sonne gehen. Oder nehmen wir das Schlaraffenland, das Pieter Breughel der Ältere uns so meisterhaft im Bild vor Augen führt. Es galt damals im Mittelalter als das Paradies und erstrebenswertes Ziel. Und mal Hand aufs Herz, lieber Homo modernus, ist Faulenzen nicht auch mal was Schönes, auf der Couch oder im Urlaub? Also sozusagen vom Arbeitgeber genehmigtes Faulenzen?

In früheren Zeiten konnte man es mit Faulenzen sogar zu Ruhm und Ansehen, ja sogar zu königlichen Ehren bringen. So war es bei König Wenzel in Prag, der den Beinamen „der Faule“ trug. Er war es schließlich, der den Würzburgern, wenn auch nur für kurze Zeit, ein Gefühl von Freiheit vermittelte. So geschehen 1397 zu Würzburg im Grafeneckart.

Dem Ereignis vorausgegangen waren weitere Versuche der Würzburger Bürger, sich vom bischöflichen Joch zu befreien. Schon lange und vergeblich bemühten sich die Bürger in der zweiten Hälfte des 14. Jahrhunderts um eine Unabhängigkeit. Gemeinsam mit anderen Städten wie Karschd, Arnstee und Iphof' im fränkischen Umland forderte man vom Bischof Gerhard steuerliche Erleichterungen, was dieser entschieden ablehnte. Eine katholische Tugend bis heute.

Im Jahr 1397 kochte die Volksseele über und die Würzburger belagerten den Bischof Gerhard von Schwarzburg in der Festung. Sein Bruder Günther von Schwarzburg kam ihm zu Hilfe und belagerte wiederum die Stadt. „Dumm gelaufen“ – draußen vor der Stadt das Heer vom Bruder Schwarzburg und oben auf der Festung sein geistlicher Bruder. Guter Rat war teuer. Auch diese Volksweisheit sollte sich bewahrheiten. Jetzt hilft nur noch der König, dachten sich die Würzburger und entsandten Vertreter der Zünfte nach Prag zu König Wenzel, mit Spitznamen „der Faule“. Sie versprachen dem König einen „All-inclusive-Urlaub“ in Würzburg und zudem noch viel, viel Geld. So befahl der König, die Koffer zu packen, und zu Weihnachten ging es auf Würzburg. Die Würzburger hatten sich ihrerseits auf die Ankunft ihres königlichen Retters vorbereitet, indem man die Stadt festlich schmückte, Häuser bemalte und auf die Spitze des Grafeneckart einen königlichen Adler setzte, den man von der Festung aus gut sehen konnte. Ganze zwei Wochen logierte der König bei göttlichen Speisen und viel, viel Wein im Rathaus, dessen Etablissement seitdem „Wenzelsaal“ heißt. Die Würzburger ließen sich nicht lumpen. Nur edelste Tropfen vom Stein wurden kredenzt, die Tische bogen sich mit Speisen und Schmelzereien. Die schönsten Frauen der Stadt wurden als Bedienung aufgefahren, Tabledance und Striptease standen auf dem Programm. Volltrunken und mit gesprengtem

Ranzen gab der König den Würzburgern die Reichsfreiheit mit allen Rechten.

Die Ernüchterung kam bei König und Würzburgern kurze Zeit später. Zu Frankfurt ausgenüchtert widerrief er sein Versprechen auf Reichsfreiheit, das Geld allerdings behielt er. Die Würzburger ihrerseits konnten es nicht fassen und hielten an der Reichsfreiheit fest, bis es zwei Jahre später zwischen den Truppen des Bischofs und den Würzburgern zu einer Schlacht bei Bergtheim kam. 3000 Bürger standen 650 berittenen Rittern gegenüber. Die Schlacht endete vernichtend für die Würzburger. 1200 von ihnen blieben auf dem Feld, tot natürlich. Bischof Gerhard ließ die Anführer und Rädelsführer in Würzburg enthaupten oder im Main ertränken. Damit endete ein für alle Mal der Traum von der Unabhängigkeit der Würzburger.

Diese wiederum haben die Taten des Bischofs nicht vergessen und ihn 100 Jahre später am Westportal ihrer Marienkapelle im Jüngsten Gericht verewigt. Der Teufel holt ihn als einzigen Geistlichen in die Hölle.

Gscheit Recht!

* Dieses Kapitel, besonders die Überschrift widme ich meinem Verleger, der er mir ermöglicht hat, mein Gschmarr im Echter Verlag zu veröffentlichen.

Nackt in der Badestube

Um 1400 n. Chr. Das Mittelalter wird vielfach als ein dunkles, finsteres Zeitalter beschrieben. Gründe dazu gab es reichlich. Pest, Seuchen, Krieg und Elend wechselten sich in dieser Reihenfolge ab. Die Pest kam 1348 aus dem Orient und verschonte auch Würzburg nicht. Fast ein ganzes Jahr lang starben täglich mehr als vierzig Leute in der Stadt. Doch damit nicht genug, kam ein furchteinflößender Glaube dazu, der alles Weltliche verdammte. Der Aufenthalt des Menschen auf Erden sei nur kurzes Verweilen, bevor er entweder das Paradies erreicht oder in der Hölle verdammt ist. Welchen Weg er einschlägt, das läge ganz an ihm und seinem Tun auf der Erde. Ablässe, Wallfahrten und Selbstkasteiung wurden von den Geistlichen gepredigt und versilbert: „Wenn das Geld im Kasten klingt, die Seele in den Himmel springt." Kleine Freuden und Anlässe fürs Fröhlichsein waren selten, sieht man von Bräuchen und traditionellen Sitten wie Hochzeit und Karneval ab. Wer einen Blick ins Mittelalter werfen möchte, dem seien die Gemälde des Malers Pieter Breughel des Älteren empfohlen mit Themen wie „Der Kampf zwischen Karneval und Fasten". Ganz ehrlich, liebe Freunde, das war wahrhaftig kein Zuckerschlecken damals.

Doch der Mensch im Mittelalter war erfinderisch und schaffte sich schon auf Erden sein kleines Paradies: Was in heutiger Zeit die „Saunalandschaft" ist, war früher die „Badestube". Wärmestuben mit Dampf dienten der Erholung und gleichsam der Reinigung. Eine solche wurde zum ersten Mal 1400 in Würzburg eröffnet, und zwar, man glaubt es kaum, im Bürgerspital! Sie hieß „Badestube zum Bäcker". Der Ausspruch eines Mannes „Ich geh mal schnell zum Bäcker, Brötchen holen!" hatte damals noch eine andere Bedeutung. Über dem Eingang stand „Außen Wasser, innen Wein, lasst uns alle fröhlich sein". Der Slogan war Programm und dementsprechend auch die Einrichtung. Große Holzbottiche gaben reichlich Platz für die Besucher, die sich in Paaren darin erfreuten. Man vergnügte sich beim Gesang eines Musikanten, der mit Laute und Liedern für die musikalische Hintergrundmusik sorg-

Badehaus zum Bä
gluck
gluck glu

te. Wein und Essen gab es reichlich und so stieg auch die Stimmung entsprechend. Man kann sich nur allzu gut vorstellen, dass es nicht nur um die körperliche Hygiene ging. Wenn erst mal der Wein zu Kopfe stieg – die Hüllen waren sowieso schon gefallen –, gab es kein Halten mehr.

Doch die Strafe für den freien Lebenswandel folgte auf dem Fuß. Mancher Mann verspürte nach mehrmaligem Besuch in der Badestube ein Brennen am Zipfele und auch die Frauen blieben nicht davon verschont. Geschlechtskrankheiten verbreiteten sich durch die gemeinsame Benutzung der Bottiche, was von Gegnern als Strafe Gottes für diesen Lebenswandel angesehen wurde. Gonorrhö und Weicher Schanker machten vielen Menschen zu schaffen und führten letztendlich zur Schließung der Badestube im Bürgerspital. Womit wir wieder dort angelangt sind wie oben beschrieben, im finsteren Mittelalter.

Wer übrigens noch eine original erhaltene Badestube besichtigen möchte, dem sei ein Besuch im Freilandmuseum in Bad Windsheim empfohlen, das ein solches Kleinod sein Eigen nennt. Der Besuch ist allerdings nur mit Kleidern erlaubt.

Ein nicht sterben wollender Bischof

1466 n. Chr. Das Jahr 1466 ist ein denkwürdiges Jahr in der Geschichte Würzburgs. In dem Jahr wurde vom Domkapitel der 66-jährige Rudolf von Scherenberg zum Fürstbischof gewählt. Um dieses Ereignis richtig einordnen zu können, muss man Folgendes wissen. In diesem Zeitalter starb in der Regel eins von zwei Kindern und die durchschnittliche Lebenserwartung betrug bei Männern 32 Jahre. Bei Frauen betrug sie 25 Jahre, was unter anderem daran lag, dass allzu viele Frauen aus hygienischen Gründen bei Geburten starben. In der heutigen Zeit ist es gerade umgekehrt. Männer haben eine Lebenserwartung von durchschnittlich 78 Jahren und Frauen von 83 Jahren. Die Gründe dafür sind je aus der Sicht des anderen Geschlechts unterschiedlich. Während Männer dies damit begründen, dass den Frauen die Zeit fürs Einparken gutgeschrieben wird, behaupten diese wiederum, dass den Männern die Zeit abgezogen wird, in denen sie den Frauen nicht zuhören. Der Streit darüber ist noch offen und ergebnislos, mehrere Forschungsprojekte der Universität Würzburg im Fachbereich Soziologie arbeiten daran.

Doch zurück ins Mittelalter. Somit wurde Rudolf von Scherenberg zum Bischof gewählt, als er schon zwei Leben hinter sich hatte. Der Grund war aus Sicht des Domkapitels die Hoffnung, dass er nicht lange regieren würde und somit eine Sedisvakanz, also eine bischoffreie Zeit, kommen würde, in der das Domkapitel die Macht innehätte. Aber „Scheißerles", würde der Würzburger umgangssprachlich sagen, vornehmer ausgedrückt: „typischer Fall von Denkste!" Rudolf regierte Jahr um Jahr und überlebte dabei alle Mitglieder des Domkapitels. Er erreichte das unglaubliche Alter von 95 Jahren. Wenn man glaubt, dass Alter auch mit Weisheit und Milde einhergeht, sieht man sich in der Person Rudolf von Scherenbergs allerdings getäuscht, wie noch später bei der Geschichte vom Pfeifferhänsle zu berichten sein wird. Bis heute sichtbare Spuren, die der Bischof hinterlassen hat, sind das Sche-

Herr Riemenschneider, vielen Dank und vergelt's Gott!
RECHNUNG
Carlo

renbergtor auf der Festung und sein Grabmal im Dom, das von keinem Geringeren als Tilman Riemenschneider geschaffen wurde.

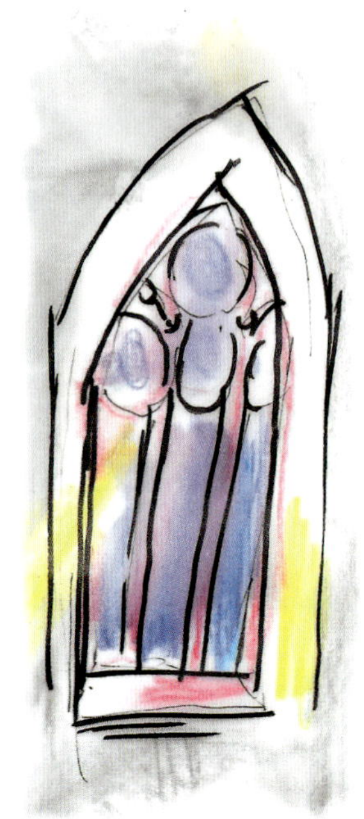

Als Rudolf von Scherenberg das Hochstift 1466 übernahm, war es de facto so sehr verschuldet, dass eigentlich ein Gang zum Konkursgericht nötig gewesen wäre. Hierzu einige Zahlen: Alle Ämter, Städte und Dörfer des Hochstifts waren verpfändet und verkauft, das Hochstift mit zwei Millionen Gulden verschuldet; die Einnahmen betrugen nur noch zehn Gulden. Ein Unglück kommt selten allein. So wurde die Mainbrücke durch Hochwasser zerstört und fiel als Einnahmequelle für Brückenzoll aus.
Summa summarum kein Job, um den sich einer reißen würde, vergleichbar mit einem Trainer der Würzburger Kickers. Eigentlich schon zweimal tot und nur Schulden geerbt, wer sieht da eine Zukunftsperspektive?

Nicht so unser guter Bischof Scherenberg. Seine Ideen des Geldverdienens und des Marketings waren zukunftsweisend und mündeten rund 500 Jahre später in die Werbegemeinschaft „Würzburg macht Spaß“. Auf dem Judenplatz, dem heutigen Marktplatz, veranstaltete er die ersten Events mit Ritterturnieren. Das brachte nicht nur Spaß, sondern auch Geld in die Kassen. Kost und Logis für Ross und Reiter füllten den Stadtsäckel. 5000 Gäste wurden von 7000 Würzburgern verköstigt. Mit dem Geld wurde auch die Mainbrücke neu gebaut und mit Pfeilern und Bögen versehen. Das brachte wieder Brückenzoll.

Brot und Spiele war die Devise des Bischofs und als er dann doch hochbetagt mit 95 Jahren starb, war alles wieder beim Alten. Das Hochstift war saniert, die Bürger waren brav und die Bauern arm. Doch am Horizont zogen schon dunkle Wolken auf!

Der Pfeiferhannes, ein fränkischer Rudi Dutschke

1476 n. Chr. Revoluzzer zu sein ist ein Scheißjob. Das war er schon immer und zu jeder Zeit. Du hältst für deine Ideale und Überzeugungen deinen Kopf hin und – zack – schon ist die Rübe ab. Deswegen will den Job auch keiner machen oder nur wenige. Und nur die werden dann berühmt oder tot, meist beides. Deswegen ist Revoluzzer auch kein Beruf mit Ausbildung, weder mit Berufsschule noch mit einem Masterstudiengang. Im Grunde genommen kann das jeder Depp machen.
Der Job wird auch in keiner Arbeitsagentur geführt, zu wenig Angebote, und auch in keiner Statistik. Er ist unterbezahlt und somit unattraktiv als Statussymbol. Eines jedoch hebt das Berufsbild des Revoluzzers von allen anderen entscheidend ab – seine Aussicht auf Berühmtheit und, wenn man Glück hat, auch auf Unsterblichkeit. Diese Aussicht wiederum ist unbezahlbar.

So auch beim Pfeiferhannes aus Niklashausen, dessen bürgerlicher Name Hans Behem oder Böheim war. Von Beruf war er Hirte, was die These der oben genannten Voraussetzungen zum Beruf eines Revoluzzers belegt. Niklashausen im Taubertal war seinerzeit ein religiöser Hotspot zu Ehren der Jungfrau Maria mit der Möglichkeit, einen völligen Ablass zu erhalten, was nichts anderes bedeutete als den direkten Weg ins himmlische Paradies, ohne Transit übers Fegefeuer oder Kurzurlaub in der Vorhölle. Es war Ende März 1476, als unser fränkischer Revoluzzer einer großen Schar von Gläubigen offenbarte, dass ihm die Jungfrau Maria erschienen sei. Dieses Ereignis hätte an sich gereicht, um auch in den Augen der Geistlichkeit Ansehen zu erlangen. Doch dann drehte unser junger Freund durch. Angestachelt durch einen Zulauf von angeblich 40.000 Anhängern, was maßlos übertrieben ist, da große Städte damals nicht mehr als die Hälfte davon hatten, ereiferte er sich mehr und mehr zu einigen für die damalige Zeit kühnen Thesen: Pfarrer sollten nicht mehr besitzen als die einfachen Leute. Und wenn schon die Pfarrer, dann auch gleich der Kaiser, der Papst, die Fürsten und alle Adeligen. Dies war die Geburtsstunde der deutschen Sozialdemokratie und es verwundert, warum dieses historische Ereignis nicht in die Annalen der SPD Eingang gefunden hat.

Die Reden des Pfeiferhannes kamen nicht überall gut an, schon gar nicht bei der Geistlichkeit. Bischof Rudolf von Scherenberg ließ den Heißsporn entführen und auf die Festung nach Würzburg bringen, wo er eingekerkert wurde. 1000 seiner Anhänger zogen daraufhin nach Würzburg in der Hoffnung, dass sich die Tore der Burg wie einst die von Jericho von selbst öffnen würden und die Mauern einstürzten. Taten sie aber nicht. Stattdessen kamen berittene Soldaten und streckten alle nieder.

Unser Pfeiferhannes wurde am 19. Juli 1476 auf dem Schottenanger nahe dem Kloster St. Jakob, der heutigen Don-Bosco-Kirche, bei lebendigem Leib verbrannt.

Ich glaube der Hannes spinnt!
Carlo

Also, lieber Leser, Sie haben nun für Ihre Berufsplanung die Wahl, falls Sie überlegen, ob Sie den Weg als Revoluzzer einschlagen sollen. Entweder Sie werden reich und lebendig oder tot und berühmt.

Statistisch gesehen entscheiden sich 99,9 % für die erste Wahl mit der Unsterblichkeitserwartung einer Eintagsfliege in der Bunten oder der Gala.

Der klägliche Rest wird unsterblich!

Tilman Riemenschneider, der erste Promi

1460 bis 1531 n. Chr. Die weltweite Bekanntheit Würzburgs, also weiter als die von Hätzfeld, begründet sich fast ausschließlich auf Persönlichkeiten, die nicht in Würzburg oder Franken geboren wurden: Balthasar Neumann, Giovanni Battista Tiepolo, Wilhelm Conrad Röntgen, um nur einige zu erwähnen. Hiervon sind allerdings ausgenommen die Würzburger Dirk Nowitzki und der Würzburger Nachtwächter, wobei Dirk Nowitzki nur in Würzburg und Dallas, USA, jeder kennt, vielleicht noch in Hätzfeld. Den Würzburger Nachtwächter kennt jeder.

Den historischen Anfang dieser nicht in Würzburg geborenen Persönlichkeiten machte einst ein junger Bildschnitzer aus dem heutigen „Nahen Osten", aus Thüringen. Es war Tilman Riemenschneider, der gebürtig aus dem thüringischen Eichsfeld stammt, einige behaupten, er wäre in Sonneberg geboren. Die das behaupten, stammen alle aus Sonneberg. Er kam als junger Geselle um 1479 nach Würzburg. Das Leben dieses außergewöhnlichen künstlerischen Talentes ist so facettenreich, dass es sogar einmal als Theaterstück aufgeführt wurde. Der in den 70er Jahren des letzten Jahrhunderts sehr bekannte Schauspieler Werner Kreindl spielte seinerzeit die Rolle des Tilman Riemenschneider so überzeugend, dass Schauspielerin Diana Körner, die im Stück seine Ehefrau „verkörperte", nach neun Monaten ein Kind von ihm bekam.

Damals stand Werner Kreindl ganz in der Tradition Riemenschneiders. Der Bildschnitzer selbst war vier Mal verheiratet, was weniger am damaligen Scheidungsrecht gelegen hat als an der hohen Sterblichkeitsrate von Frauen bei der Geburt. Auffallend ist allerdings die Tatsache, dass Riemenschneider bei der Wahl seiner Gattinnen nur Witwen mit Vermögen bevorzugte, seine erste Frau war sogar die Frau seines Meisters, bei dem er als Geselle gearbeitet hatte. Mit deren Heirat wurde er Bürger Würzburgs

Carlo

und gleichzeitig Meister der Werkstatt im Haus seines Vorgängers. Er wurde sozusagen „Nachfolger im Bett und in der Werkstatt“, was beides mit viel, viel Arbeit verbunden war.

Das Schicksal meinte es rundum gut mit dem Meister. Seine Werkstatt florierte und er hatte alle Hände voll zu tun. Vor allem die Geistlichkeit, allen voran die Bischöfe Rudolf von Scherenberg und Lorenz von Bibra, beauftragte ihn mit Grabdenkmälern, Altären und Heiligenfiguren. Seine Bekanntheit brachte ihm öffentliches Ansehen, letztlich sogar einen langjährigen Sitz im Hohen Rat der Stadt und für zwei Jahre leitete er als Bürgermeister deren Geschicke.

Alles in allem ein Stoff für eine Bilderbuchkarriere, wäre es nicht seinerzeit zum Aufstand der Bauern gegen die geistliche Obrigkeit gekommen. In Würzburg war damals Konrad von Thüngen auf dem Bischofsstuhl. Für die Bürger kam der Aufstand der Bauern gerade recht und sie entschieden sich, gemeinsam mit ihnen gegen den Bischof zu paktieren. Falsche Entscheidung! Vor allem für den Meister Riemenschneider. Ein altes Sprichwort besagt, man solle nicht die Hand beißen, die einen füttert. Und das galt auch für Riemenschneider, der mit den Räten auf der Festung gefangen gehalten, vielleicht sogar gefoltert wurde. Mit dem Jahr 1525 endete das öffentliche Leben dieses überragenden Künstlers, dessen Werke heute nicht nur in Museen zu bewundern sind, sondern auch in den Kirchen des Frankenlandes, die ihn damals für einen geschnitzten Altar oder Heiligen beauftragten.

Doch noch einmal zurück zu dem Theaterstück „Tilman Riemenschneider“, das 1981 zu seinem 450. Todestag auf der Festung aufgeführt wurde. Der damals gezeugte kleine Riemenschneider wurde übrigens im Käppele getauft und auf die Frage eines Journalisten an Frau Körner, was ihr denn an Würzburg so gefallen habe, dass sie die Stadt als Ort für die Taufe ausgesucht habe, antwortete sie verschüchtert: „Der Kreindl!“

Jahrtausendwein

1540 n. Chr. Es war ein denkwürdiger Tag, damals im Jahre 1961 im Rahmen einer Wein-Raritätenverkostung in London. Der unbestrittene „Papst des Weines", Hugh Johnson, über dem nur noch der liebe Gott in Weinfragen steht, obgleich auch dieser bisweilen Rat bei Johnson einholt, öffnete eine der beiden ältesten bekannten und noch existierenden Flaschen Wein mit großer Ehrfurcht und sichtbarer Neugierde. Es war Wein vom legendären Jahrgang 1540 aus der Lage Würzburger Stein des Bürgerspitals. Zwei Schluck dieses bernsteinfarbigen, noch genießbaren Rebensaftes genügten für das Urteil Johnsons: … der 1540er Würzburger Stein war noch lebendig. Nichts hatte mir bis dahin so klar vor Augen geführt, dass Wein wahrhaftig ein

lebendiger Organismus ist, denn diese braune madeiraähnliche Flüssigkeit vor mir hielt noch immer die aktiven Lebenselemente in sich fest, die sie von der Sonne jenes längst vergangenen Sommers in sich aufgenommen hatte. Auf nur schwer fassbare Weise ließ dieser Wein sogar seinen deutschen Ursprung ahnen. Etwa zwei Schluck konnten wir von der jahrhundertealten Substanz nehmen, ehe sie durch die Berührung mit der Luft verging, ihren Geist aufgab ..." Er wurde zu Essig.

Dieses Ereignis allein würde schon genügen, um den Wein des Jahrgangs 1540 unsterblich werden zu lassen. Aber nein, es gibt noch einen weiteren Grund für seine Einmaligkeit. Der Jahrgang wird in den Annalen des Frankenweins auch als Jahrtausendwein bezeichnet. Was war geschehen 1540?

Es war ein außergewöhnlich heißer Sommer, so heiß, dass sogar der Rhein austrocknete. Die Hitze führte zu frühen Ernten in der Landwirtschaft und, da sich die Hitze bis über den Oktober hinzog, sogar zu einer zweiten Blüte und einer zweiten Ernte. Die Weinlese begann schon Ende August und war von außergewöhnlicher Qualität. Viele Trauben waren schon vertrocknet und man ließ sie hängen. Da es aber ab und zu regnete, quollen diese wieder auf und man konnte ein zweites Mal Trauben einholen. Und dieser Wein war von noch besserer Qualität als der erste! Und so reiht sich dieser Wein ein in die Riege der historischen Persönlichkeiten seiner Zeit: Luther, Michelangelo und Kaiser Karl V.

Eine lange Odyssee dieser Flaschen begann, von den bayerischen Königen bis nach England in den Besitz der jüdischen Familie Simon, einer Weinhändlerdynastie aus Wiesbaden, die während der Naziherrschaft nach England emigrierte. Dank der Großzügigkeit dieser Familie kehrte die noch verbliebene Flasche in Bordeaux-Form, nicht in einem Bocksbeutel, wie man vielleicht vermuten will, 1996 an ihren Ursprungsort Bürgerspital zurück und liegt nun hinter Panzerglas in der Schatzkammer des Weinkellers. Möge sie dort bis zum Jüngsten Gericht verbleiben. Der liebe Gott als Weinkenner und Liebhaber wird seine Freude daran haben.

Pfaffe, du musst sterben!

1558 n. Chr. Attentate sind in der politischen Weltgeschichte so häufig wie, sagen wir mal, ein Misstrauensvotum im Bundestag, nur dass Erstere mit viel Blut verbunden sind. Wenn der Krieg eine Fortsetzung der Diplomatie mit anderen Mitteln ist, dann ist ein Attentat die Abkürzung davon ohne Kollateralschäden in der Bevölkerung. Also Machterlangung ohne Umwege.

Ein geschichtsträchtiges Attentat ereignete sich 1558 zu Würzburg auf der Mainbrücke. Das Drama ist in den Annalen der Stadt als „Grumbachsche Händel" bekannt und hat alle Zutaten, die man für ein bühnenreifes Theaterstück braucht: Sex, Verrat, Mord und Hinrichtung.

Hauptakteur in dem Drama war seinerzeit Wilhelm von Grumbach mit Wohnsitz in Rimpar. Um es vorwegzunehmen: ein ganz, ganz schlechter Charakter, korrupt, bösartig und käuflich. Der Franke nennt solch ein Subjekt einen „Drecksmensch". Seine Vorstrafenliste war lang und enthielt unter vielen Vergehen auch den Mord an Florian Geyer, den er im Gramschatzer Wald ermorden ließ. Von dem Onkel seiner Frau, dem Bischof Konrad von Bibra, erschlich er sich Ländereien und ein Geldversprechen von 10.000 Gulden, einen Haufen Geld. Angeblich soll dabei auch Sex im Spiel gewesen sein mit der Frau von Grumbachs Knecht Kretzer, die wo was mit dem Bischof gehabt haben soll, Sie wissen schon, was ich meine?!

Allerdings wollte Melchior von Zobel, der Nachfolger des Bischofs von Bibra, nichts mehr von dem Deal wissen und verweigerte die Auszahlung. Wie sich noch herausstellen wird, kein guter Entschluss. Grumbach war stinksauer. Mit Hilfe des Markgrafen Alcibiades, auch ein ganz, ganz schlechter Charakter, erpresste er vom Bischof mehrere Dörfer und Ländereien. Das wiederum gefiel dem Kaiser Karl V. ganz und gar nicht, der die Erpressung für nichtig erklärte. Wieder schaute Grumbach in die Röhre und war wieder stocksauer.

WÜXX
Dein Kretzi ist spitze!
Finde ich auch mein lieber Grumbi!
LOGE
SUPER
bravo
WÜ MAXX
Heute
Grumbach's
Händel
1. Teil
Carlo

Rache ist ein Gericht, das kalt gegessen werden muss, sagt der Sizilianer und auch Wilhelm von Grumbach. Und der Tag der Rache am Bischof kam für Grumbach am 15. April 1558. Bischof Melchior von Zobel ritt begleitet von Räten und Junkern aus der Stadt zurück zur Festung. Nachdem er die Mainbrücke überquert hatte, kam ihm eine Gruppe von Kaufleuten am Zeller Berg entgegen. In Höhe des Dreikronenplatzes zogen sie ihre Hüte zum Gruß bis auf einen, der zog eine Büchse unter seinem Mantel hervor und schoss mit dem Ruf „Pfaffe, du musst sterben!" auf den Bischof. Es war kein Geringerer als Kretzer, der Knecht vom Grumbach. Mit zwei Kugeln im Leib floh der Bischof in Richtung Festung, wobei er zwei Mal vom Pferd fiel, was mit Blei im Körper durchaus nachvollziehbar ist, auch für den Laien. Er verstarb kurz vor Erreichen der Festung.

Der Kretzer wurde gefangen genommen und erhängte sich in seiner Zelle. Offensichtlich hatte man vergessen ihm seinen Gürtel abzunehmen. Grumbach floh ein weiteres Mal nach Frankreich, wieder stinksauer.

Doch Grumbach gab nicht auf. Er kehrte mit einer Schar Krieger zurück und nahm Würzburg ein, das von Domkapitel und Bischof wegen einer Epidemie verlassen war. Er brandschatzte die Stadt und plünderte sie aus.

Um es vorwegzunehmen: Verbrechen zahlt sich nicht aus, auch nicht im Leben des Wilhelm von Grumbach. Für Nachahmer zur Abschreckung sei sein Ende wie folgt geschildert. Er wurde zu Gotha nach langer Belagerung gefangen genommen und am 18. April 1567 öffentlich hingerichtet. Der Henker riss ihm das Herz aus dem Leib und schlug es ihm ums Maul. Danach wurde er gevierteilt. Für sensible Zeitgenossen sei festgehalten, dass er da schon tot war.

Die erste Oberschul' ohne Mädli

11. November 1567 n. Chr. Der 11. November 1567 ist für das Wirsberg-Gymnasium und die Stadt Würzburg ein wichtiges Datum. An diesem denkwürdigen Tag nahm, vom Bischof Friedrich von Wirsberg initiiert, das erste Gymnasium seinen Unterricht auf. Damals begann für Würzburg eine Jahrhunderte andauernde Geschichte als Hochburg der Wissenschaften in deutschen Landen. Ohne Gymnasium keine Universität, ohne Universität keine berühmten Nobelpreisträger, deren es 14 an der Zahl sind und von denen Wilhelm Conrad Röntgen als Erfinder der nach ihm benannten Strahlen der berühmteste ist.

Doch wo sind in dieser langen Erfolgsgeschichte die Frauen? Vergeblich sucht man diese sowohl im Gymnasium als auch in der Universität und erst recht unter den Nobelpreisträgern Würzburgs. Bei allem Respekt vor den akademischen Leistungen ist dies die Kehrseite der Geschichte. Bildung war bis in die Mitte des letzten Jahrhunderts vorwiegend Männersache. Betrachtet man so manche einseitige Entscheidung durch das männliche Geschlecht, grenzt es an ein Wunder, dass die Wissenschaft es so weit gebracht hat. Berücksichtigt man die Erfolge der Frauen in der Wissenschaft seit deren Zulassung Anfang des letzten Jahrhunderts, wäre es sicher eine noch größere Erfolgsgeschichte geworden.

Stattdessen begann die Bildungsgeschichte der Stadt schon frauenfeindlich. Man verjagte drei arme alte Nönnchen aus dem Agnetenkloster, in dem das erste Gymnasium seine Räumlichkeiten fand. Dort wurden dann für 17 Jesuitenpatres und Schüler, deren Zahl rasch anwuchs und ein Jahr später bereits 200 betrug, konfessionsgetrennte Klassenzimmer eingerichtet. Zucht und strenge Erziehung standen für den Zweck, zukünftige Gelehrte, Beamte und Juristen für den Kirchenstaat zu erziehen. Dafür waren die Söhne reicher katholischer Familien dem Bischof eine willkommene Zielgruppe, auch die der lutherischen, zumal auch sie Geld und Ansehen hatten. Das Nachsehen hatten die jüdischen Familien, die durch eine bischöfliche Verordnung vom 16. Mai des gleichen Jahres aus der Stadt vertrieben wurden und erst ab 1803 zurückkehren und sich wieder niederlassen durften.

Aus heutiger Sicht war es eine fatale und auch lebensfremde Entscheidung, das weibliche Geschlecht vom Unterricht auszuschließen. Nicht nur, dass dadurch die Klassengemeinschaft einseitig mit jungen pubertären Burschen bevorzugt wurde, sodass es in den Klassen zu aggressiven, ja sogar gewalttätigen Raufhändeln kam. Viel gravierender aber war der Verlust von zwischengeschlechtlichen Beziehungen. Kein Abholen der Geliebten nach der Schule, kein Händchenhalten beim anschließenden Spazierengehen, keine gemeinsame Tanzstunde mit Abschlussball, keine sexuelle Früherziehung am lebenden Objekt! O tempora, o mores!

Und wie steht es um das Wirsberg-Gymnasium von heute?
Ein modernes sprachliches, humanistisches, naturwissenschaftlich-technisches Gymnasium mit einer Direktorin und paritätisch besetzter erweiterter Schulleitung. Na, geht doch, denkt man sich. Tja, wäre da nicht die Liste bekannter ehemaliger Schüler des Wirsberg-Gymnasiums –

lauter Kerle!

Julius Echter von Mespelbrunn, der Wohltätige

1545 bis 1617 n. Chr. Seit der Reformation hat sich viel ereignet in Würzburg und im Hochstift. Die Klassengesellschaft des Mittelalters bestand aus dem Klerus, dem Adel, zu denen sich in Würzburg auch der Bischof zählte, und dem werktätigen Volk der Bürger und Bauern. Die Bauern auf dem Land spalteten sich seit den Lehren Luthers in das Lager der Katholiken und das der Protestanten, je nachdem für welche Konfession sich ihr jeweiliger Landesfürst entschied. Die Würzburger Bürger und ihr Rat verloren zunehmend an Einfluss auf die Geschicke der Stadt, zumal sie sich seinerzeit auf die Seite der Bauern gegen den Bischof stellten, was dieser ihnen nie vergaß, schon gar nicht verzieh. Durch die Ereignisse des Bauernaufstands und der einhergehenden Reformation gewann der Bischof zunehmend Macht und Einfluss im Hochstift und in Würzburg und das politische Kräfteverhältnis verlagerte sich zu seinen Gunsten. In den folgenden Jahren begann mit dem Zeitalter des Absolutismus zwischen 1570 bis 1770 ironischerweise auch die Blütezeit Würzburgs. Noch heute sind Zeugnisse dieser Zeit herrliche Gebäude absolutistischer Herrscher.

Zwei Herrschergeschlechter dieser Periode sind dabei besonders hervorzuheben: Julius Echter von Mespelbrunn und die Bischöfe von Schönborn. Beide verbindet eine Gemeinsamkeit: repräsentative Architektur als Zeichen ihrer Macht. Die Spuren, die Julius Echter hinterließ, sind neben dem Ausbau der Festung zu einem schlossähnlichen Bau das Juliusspital und die Alte Universität. Der Echter Verlag zählt nicht dazu.

Julius Echter stammt aus dem Spessart, genauer gesagt aus dem Wasserschlösschen Mespelbrunn, das später als Spukschloss im Spessart zu cineastischer Berühmtheit gelangte. Er wurde vom Domkapitel 1573 in jugendlichem Alter von 28 Jahren mit 11 von 22 Stimmen zum Bischof gewählt.

Wahrscheinlich war die ausschlaggebende Stimme zur Wahl seine eigene; das hatte er mit Adenauer gemeinsam.

Es herrschte in diesem Jahrhundert eine kleine Eiszeit in Europa und im Jahr der Bischofswahl starben in einem frostigen Winter viele Arme und Bettler auf den Straßen.

Gegen den Willen des Domkapitels gründete Julius Echter ein Spital für „Arme, Kranke, unvermögende und schadhafte Leute, die wund oder der Arznei bedürftig waren, verlassene Waisen, vorüberziehende Pilger". Neben Pfründen aus Klöstern und Liegenschaften, die er als wirtschaftliche Basis dem Spital schenkte, gehörten auch Weinberge dazu. Bis heute dient das Juliusspital als Stiftung diesem wohltätigen Zweck, auch dank den jährlichen Erträgen seiner Weinernte: „Jeder Schluck eine gute Tat!"

Mit der Neuzeit, die mit der Entdeckung Amerikas 1492 angesetzt wird, begann in der Kunst die Renaissance und in den Wissenschaften die Aufklärung. Geographie, Astrologie, Astronomie und Anatomie machten bahnbrechende und segensreiche Erfindungen, sodass der Mensch nicht mehr glaubte, von der Scheibe Erde hinunterfallen zu können, und Aderlass und Einlauf nicht mehr die Ultima Ratio der Medizin waren. Julius Echter erkannte vorausblickend, dass ein Gymnasium allein nicht das Ende der akademischen Laufbahn in Würzburg sein durfte, und gründete 1582 die Universität. Neben den Jesuiten, die der Universität mit einem eigenen Kloster und der St.-Michaels-Kirche angeschlossen waren, berief er viele auswärtige Gelehrte als Professoren. Der Ruf der Würzburger Universität als eine der ältesten in Europa hält bis heute an. Bis zu Julius Echters Tod 1618 studierten 2685 Studenten an der Uni und heute fast 29.000. 14 Nobelpreisträger forschten und lehrten an der Bildungsstätte und Wilhelm Conrad Röntgen machte hier 1895 seine bahnbrechende Entdeckung.

„Hier schlägt das Herz der Universität!" – so steht es auf einem Banner an der Alten Uni. Dieser Slogan ist nicht nur doppelsinnig gemeint, sondern trifft tatsächlich zu, da Julius Echter sein Herz in einer Stele in der Universitätskirche bestatten ließ.

Wahrhaft, ein wohltätiger und edler Herrscher. So sieht die Öffentlichkeit Julius Echter von Mespelbrunn noch heute und so wird er auch geliebt. Aber bei so viel Edelmut und sozialem Engagement fragt sich manch einer:

Wo ist der Haken?

Der andere Julius Echter

1545 bis 1617 n. Chr. Ja, wo ist der Haken? Bei aller Glorifizierung dieser Persönlichkeit sollten die Schattenseiten Julius Echters nicht unerwähnt bleiben.

Julius Echter war ein absoluter Machtpolitiker. Von Machterhalt waren auch seine Taten motiviert. Der Jahrhunderte andauernde Zwist zwischen der Stadt und dem Bischof neigte sich seit der Niederschlagung im Bauernaufstand zu Gunsten des Bischofs. Pest und Grumbachsche Händel hatten zudem der Wirtschaft der Stadt nachhaltig geschadet und sie geschwächt. Diese Situation nutzte Julius Echter aus. Er verstand sich als absoluter Herrscher, dem das Domkapitel und die Stadt als untergeordnetes Organ der bischöflichen Macht unterstanden. Kein Bischof zuvor hatte so sehr seine Macht ausgebaut und demonstrativ gezeigt.

Durch Pfründe, Ämter und seine Sparsamkeit hatte er ein Vermögen erwirtschaftet, das er für den Grundstückserwerb des Juliusspitals in der Pleich einsetzte. Dass er dabei den darauf befindlichen jüdischen Friedhof beseitigen ließ und dadurch die

JULIUS ECHTER
VON MESPELBRUNN
FÜRSTBISCHOF
VON WÜRZBURG
Carlo

religiösen Gefühle der Juden verletzte, störte ihn wenig. Seine Einstellung zu Juden stand ganz im Licht des Mittelalters. Wer Geld hatte, durfte bleiben, mitunter auch an der Universität. Wer keines besaß, hatte in der Stadt und im Hochstift nichts verloren. Seine Festigung der Macht diente gleichzeitig der Festigung des katholischen Glaubens im Hochstift. Kein Mittel zur Durchsetzung dieses Anspruchs war ihm dabei zu schade. Er wurde zu einem unerbittlichen Verfechter der Gegenreformation. Wer sich in der Stadt nicht zum katholischen Glauben bekannte, wurde entlassen, wie etliche protestantische Räte und Beamte, oder musste die Stadt verlassen. 80 protestantische Familien, viele davon wohlhabende Händler, verließen Würzburg und siedelten in die freie Reichsstadt Schweinfurt oder nach Kitzingen. Im ganzen Hochstift waren es 500 Familien, die sich in Schweinfurt niederließen. Das städtische Klima wurde durch die Gesinnungsspitzelei seiner Helfer vergiftet. Denunziation und Misstrauen kamen in die Stadt. Wer außerorts zu evangelischen Gottesdiensten ging, wurde diffamiert und an den Stadttoren notiert.

Auch bei der Gründung der Universität spielten Machterhalt und Demonstration des katholischen Glaubens eine Rolle, da die Studenten nicht an Universitäten mit protestantischem Hintergrund zu der neuen Lehre verführt werden sollten.

Seine Besessenheit als einer der Anführer der Gegenreformation gipfelte in der Hexenverfolgung. Viele Unschuldigen beiderlei Geschlechts wurden auf Grund von unter der Folter erzwungenen Geständnissen öffentlich verbrannt. In seinem Todesjahr 1618 ließ er von der Domkanzel herab verkünden, dass er in einem Jahr 300 Hexen und Zauberer habe verbrennen lassen. Würde man heutzutage die juristischen und ethischen Maßstäbe auf sein damaliges Handeln anwenden, dann würde er als Despot vor ein weltliches Gericht gestellt und verurteilt werden.

Das also ist der Haken!

Die Schweden kommen, Ikea bleibt

1618 bis 1648 n. Chr. Wenn man die letzten Ereignisse seit dem Bauernkrieg gelesen hat, so ahnt man schon, das geht nicht gut aus. Diese Gemengelage aus sozialer Ungerechtigkeit und Religion hatte viel Sprengstoff und es schwant einem schon, dass das Ding irgendwann in die Luft geht. Die Fronten waren seit der Gegenreformation verhärtet und – nachdem Julius Echter einer der führenden Akteure gewesen war – auch in Mainfranken deutlich spürbar. Es war ja seinerzeit geographisch nicht so übersichtlich wie heute, hier Unterfranken, dort Mittel- oder Oberfranken. An einem Punkt auf der Landkarte konnten schon mal zwei, drei Territorien mit unterschiedlichen Herrschern und Konfessionen zusammenkommen. Sulzfeld zum Beispiel gehörte zum Hochstift und Marktsteft über den Main hinüber dem Markgrafen aus Ansbach. Etwas weiter stand das Schloss der Herren zu Crailsheim in Fröhstockheim und Kitzingen erlebte seine Blütezeit als protestantische Stadt unter dem Markgrafen zu Brandenburg-Ansbach. Da soll sich noch einer auskennen bei so einem Durcheinander.

Und dann flog in Prag 1618 einer nach dem anderen aus dem Fenster, was als Beginn des Dreißigjährigen Krieges angesehen wird. Bis 1631 ging es eigentlich glimpflich ab für Würzburg und der Krieg verschonte die katholische Hochburg. Aber dann kamen die

Schweden und mit ihnen König Gustav. Man muss ehrlicherweise sagen, dass Schweden schon damals keinen guten Ruf hatte. Mord, Brandschatzung und Plünderungen standen beim Besuch der nordischen Herren auf der Tagesordnung und wenn man das Fernsehprogramm am Wochenende ansieht, hat sich bis heute nichts daran geändert. Ein schwedischer Thriller nach dem anderen übertrifft sich in allen Spielarten des Todes.

„Bet, Kindlein, bet. Bet, sonst kommt der Schwed. Bet, sonst kommt der Ochsenstern, wird die Kindlein beten lehrn." Oxenstierna war der schwedische Reichskanzler. Mit solchen Beispielen schwarzer Pädagogik wurden die Kinder noch generationenlang erschreckt.

Und dann kam er auch, der Schwed, im Oktober 1631. Der Fürstbischof von Hatzfeld ging mit dem Domkapitel vorsichtshalber stiften, nachdem er sich von den Bürgern hat Treue schwören lassen.

Die Zeit danach bis zum Ende des Krieges 1648 war für die Stadt und deren Bürger erlebter Schrecken. Hier ein paar Beispiele der Schreckensherrschaft unter den Schweden: Die Festung wurde erstmals erobert, weil man die Zugbrücke unter der Last der gefallenen Soldaten nicht mehr schließen konnte, und die Bibliothek Echters ging als Beutekunst nach Schweden, Söldner und Soldaten, derer 12.000 an der Zahl, ließen sich verköstigen, Pferde wurden in Läden untergebracht und Kirchen wurden als Schlachthäuser zweckentfremdet. Nachdem die Schweden in der Schlacht bei Nördlingen vernichtend geschlagen worden waren, sank auch deren Stern in Würzburg. 1634 zogen sie ab und nachdem die Luft rein war, kam auch Bischof Hatzfeld wieder zurück. Allerdings hatte er sich das Wiedersehen anders vorgestellt. Die Stadt war pleite. Zur Begrüßung gab es nur ein Fässlein Wein und als er 1642 starb, musste sich die Stadt das Geld zu dessen Begräbnis sogar bei einem Nürnberger Bankier leihen.

Übrigens, nicht alle Schweden verließen Würzburg. Ein paar von ihnen ließen sich Richtung Estenfeld auf freiem Feld nieder und sind seither erfolgreich ins Möbelgeschäft eingestiegen. Ihr erfolgreichstes Produkt ist ein Bücherregal, das man seinerzeit mit der Bibliothek nach Schweden mitgenommen hatte.
Es hieß Billy.

So kommt alles wieder zurück nach Würzburg.

Das Jahrhundert der Schönborns beginnt

1642 n. Chr. Von Plünderungen, Brandschatzungen und erpresserischen Zahlungen an vorbeiziehende Heere gezeichnet war die Stadt an ihrem Tiefpunkt angekommen. Schlimmer ging's nimmer. Aber „wenn du denkst, es geht nicht mehr, kommt von irgendwo ein Lichtlein her!", wie ein altes Sprichwort besagt. Und dieses Lichtlein kam in Gestalt des 37-jährigen Johann Philipp von Schönborn, der 1642 zum Fürstbischof gewählt wurde.

Alles änderte sich mit der Wahl des Ersten der Schönbornbischöfe. Zuerst sollte unter seiner Mitwirkung der Friedensvertrag von Münster und Osnabrück zustande kommen, womit der 30 Jahre andauernde Krieg beendet werden konnte. Dann begann Johann Philipp, der, wie alle Schönborns, vom „Bauwurm" befallen war, seine rege Bautätigkeit. Kein Adelsgeschlecht hat das Stadtbild Würzburgs bis heute so geprägt wie das der Schönborns aus dem fränkischen Wiesentheid. Was Johann Philipp mit seiner Bautätigkeit begann, wurde von seinen Verwandten später mit dem Bau der Residenz beendet.

Aber um es vorwegzunehmen, die Schönborns hatten mit sozialem Wohnungsbau wenig im Sinn. Johann Philipp ging es in erster Linie darum, seinen und der Stadt Arsch zu retten. Man hatte die Schnauze gestrichen voll von Plünderern, egal ob Schweden, Franzosen oder Baiern. Es musste eine ordentliche Stadtmauer her, eine, die so stark war, dass man bei deren Anblick sofort kehrtmachte und lieber Karschd, Kitzi oder die Schnüdel in Schweinfurt plünderte. Präventive Abschreckung war das Motto. Zum Bau der Stadtmauer wurde eigens ein neuer Beruf geschaffen: der Schanzer. Sollte man für sich oder seine Kinder diesen Beruf in Betracht ziehen, so ist dringend davon abzuraten: keine geregelte Arbeitszeit, dreckige und schweißtreibende Arbeit bei Niedrigstlohn, der seinerzeit bei 12–15 Heller pro Tag lag. Zum Leben zu wenig, zum Sterben zu viel. Also Finger weg!

Ein sternförmiger Ring von Mauern umfasste die Stadt. Das Ergebnis schweißtreibender Schanzarbeit kann man heute noch, beginnend bei der Festung mit der mächtigen Schwedenschanze, am linken Mainufer im Mainviertel bewundern oder stückweise hinter dem Hofgarten der Residenz: acht Kilometer lang, elf Meter hoch und 30 Meter breit.

Und dann ging es Schlag auf Schlag. Zwei Mainmühlen wurden innerhalb der Stadt gebaut, um die Versorgung bei Belagerungen zu sichern. Die eine von ihnen, die Untere Mühle, und das Streichwehr an der Alten Mainbrücke, sind heute noch Zeugen dieser Bautätigkeit.

Die Krönung allerdings ist die Stift-Haug-Kirche mit ihrer mächtigen Kuppel. Nach dem Vorbild der Kuppel vom Dom zu Florenz baute sie der Italiener Antonio Petrini. Allerdings traute man in der Stadt und im bischöflichen Bauamt den architektonischen Fähigkeiten des Italieners nicht so sehr.

Als Belastungsprobe sollte eine Kanone unter der Kuppel abgefeuert werden. Dies ließ auch den Italiener an seinen Fähigkeiten zweifeln. Und so begab er sich am Tag des Belastungstests auf den naheliegenden Steinberg. Seinem Gesellen befahl er mit einem weißen Taschentuch zu winken, sollte die Kuppel nicht standhalten. Sie hielt. So brach großer Jubel bei der anwesenden Bevölkerung aus und auch beim Gesellen, der mit dem Taschentuch heftig winkend seiner Freude kundtat ... Petrini tauchte für einige Zeit bei Verwandten in Oberitalien unter und kehrte erst nach Würzburg zurück, nachdem er aus der Presse von der bestandenen Probe erfuhr. Er behauptete bis zu seinem Tod, er hätte nur kurz Urlaub gemacht; der Geselle wurde entlassen.

Romeo und Julia am Main

1682 n. Chr. Einer der romantischsten und schönsten Höfe zu Würzburg ist der des Weinhauses „zum Stachel“ in der Hinteren Gressengasse. Wer sich in den weinumrankten Innenhof begibt, wird geradezu verzaubert von seiner Lieblichkeit. Lenkt man den Blick hinauf zur Balustrade mit ihrem Balkon, wird man unweigerlich an Shakespeares „Romeo und Julia“ erinnert. Romeo? Julia? War da nicht auch so eine Romanze zu Würzburg? Richtig! Da gibt es doch die herzzerreißende Liebesgeschichte der Johanna von Wernau und dem Hofmarschall des Bischofs, Wilhelm Specht von Bubenheim. Diese Geschichte aus der Barockzeit hat alles, was es zu einer Romanze bedarf: Liebe, Verrat, Intrige und – ein Happy End.

Doch langsam und der Reihe nach. Es begann ganz harmlos im Jahr 1682. Da regierte der nicht weiterhin bekannte und erwähnenswerte Bischof Wilhelm von Wernau. Derselbige hatte eine reizende Nichte im zarten Alter von 16 Jahren, Johanna von Wernau. Jenes liebreizende Geschöpf verliebte sich unsterblich in den schmucken Hofmarschall des Bischofs, einen stattlichen, Cary Grant ähnelnden Jungspund mit Namen Wilhelm Specht von Bubenheim. Aus welchen Gründen auch immer missfiel dem Bischof jene Liaison. „Mein lieber Specht", sagte der Bischof doppelsinnig zu seinem Hofmarschall, „lass die Finger von meiner Nichte!"

Doch mitnichten. Die beiden Liebenden ließen weder emotional noch physisch voneinander ab, ganz im Gegenteil, die Liebe wuchs von Tag zu Tag. Mit wachsender Leidenschaft stieg auch die Wahl der Mittel beim Bischof, um die beiden auseinanderzubringen. Zuerst verbrachte er Johanna ins Kloster Unterzell zu den Nonnen in der Hoffnung, die katholische Lebensweise und strenge Aufsicht würden die Nichte bekehren, und den Hofmarschall steckte er ins Gefängnis. Das waren seinerzeit die probaten und gängigen Mittel zum Zweck. Doch Liebe macht erfinderisch. So auch bei den beiden im weltlichen und im klösterlichen Gefängnis. Man schrieb sich flammende Briefe mit einer Geheimschrift aus Zitronensaft, die von getreuen Freunden postalisch überbracht wurden. Der Vorteil dieses Verfahrens war zum einen, dass es frisch nach südlicher Sonne roch, zum anderen konnte man die Botschaft vernichten, indem man sie abschleckte. Die Methode war allerdings nur zur Zitronensaison im Sommer verfügbar.

Ein anderes probates Mittel ist und war zu allen Zeiten die üble Nachrede. So auch damals. Der Bischof ließ seine Nichte wissen, ihr Geliebter habe sich soeben verehelicht. Doch auch dieser Stich ging ins Leere. Offiziersfreunde des Specht, von denen Johanna im Kloster noch immer Besuch erhielt, berichteten ihr vom Gegenteil und versicherten ihr die Treue ihres Freundes.

Sogar vor Mord schreckte der Bischof nicht zurück, obgleich vergeblich. Ein Anschlag auf den Offizier misslang und er überlebte.

HAPPY
End
STACHEL
Auseinander!!!
Carlo

Daraufhin änderte der Oheim sein Testament dahingehend, dass seine Nichte nur Erbin würde, wenn sie nicht eine Ehe mit dem Specht eingehen würde. Andernfalls würde der Nachlass dem Kloster Unterzell anheimfallen.

Doch das Happy End der Liebenden war nicht aufzuhalten. Nachdem sie alle Versuche des Onkels überstanden hatten und der Oheim das Zeitliche gesegnet hatte, läuteten die Hochzeitsglocken. Die Hochzeit könnten sie im Wirtshaus zum Stachel gefeiert haben und vielleicht standen sie dann auch auf dem Balkon. Doch das ist nicht gesichert, nur ein schöner Gedanke.

Die Erbschaft des Onkels war jedoch verloren. Die Nonnen vom Kloster Unterzell bestanden so beharrlich auf ihrer Erbschaft, dass sie diese nach 30 Jahren des Prozessierens auch erhielten. Dies ist die lieblose Kehrseite der schönen Geschichte.

Aber was bedeutet schon Geld gegen Liebe?

Genialität hat einen Namen: Balthasar Neumann

1711 n. Chr. Der Definition nach ist ein Genie ein Mensch, egal ob weiblich oder männlich, mit einer hohen schöpferischen Begabung. Heute spricht man von Genialität, wenn auf einer IQ-Skala ein Wert jenseits der 150er-Marke gemessen wird. Früher maß man das Genie anhand der Spuren, die dieser Geist der Nachwelt hinterlassen hat, egal ob optisch sichtbar oder in Form von Theorien. Aber Talent allein macht noch kein Genie. Dazu gehört auch viel, viel Glück, also Umstände, auf die kein genialer Geist Einfluss nehmen kann, kurz gesagt, er oder sie muss zur rechten Zeit am richtigen Ort das Geniale getan haben. Es ist durchaus denkbar, dass zum Beispiel jemand einen Fernseher schon vor Christi Geburt erfunden hat oder in der Römerzeit jemand das Telefon. Es hat damals nur niemanden interessiert oder es fand sich kein Geldgeber für die industrielle Wertschöpfung. So sind diese genialen Erfindungen damals nicht bekannt geworden.

Ganz anders geschah es zu Würzburg in Jahre 1711. Da kam ein 24-jähriger Kanonen- und Glockengießer aus Eger, sein Name war Balthasar Neumann, nach Würzburg, gerade in einer kriegerischen Zeit, in der ein Kanonengießer eine berufliche Zukunft hatte, ganz im Gegenteil zu heute. Doch das Interesse des jungen Mannes galt der Architektur. Also beschloss er seinen bisherigen Beruf an den Nagel zu hängen und eine Umschulung zu machen. Er erlernte den Beruf des Baumeisters beim damaligen Ingenieur-Leutnant Müller, heute vergleichbar mit einem Stadtbaumeister, allerdings heutzutage besser bezahlt und mit Professorentitel bedacht. Mit dem Einstieg in das Müller'sche Büro ging es steil aufwärts mit seiner Karriere. Nun kam dazu, was ein Talent braucht, um berühmt zu werden: Geldgeber in der Person bauwütiger Fürstbischöfe und ein nicht enden wollender Bauboom in der Stadt. Dank einer Steuerbefreiung von zehn Jahren für private Investoren, die später in die Abschreibung nach Paragraf 7b EStG überging, wurde an allen Ecken der Stadt gebaut. Dazu kam noch das vom Bauwurm befallene Geschlecht der Schönborns. Man stelle sich nur mal vor, in welch kurzer Zeit die Karriere des Umschülers Neumann durch diese Glücksfälle Fahrt aufnahm von seiner Ankunft in Würzburg 1711 bis zur Grundsteinlegung der Residenz im Jahre 1720. Man schickte Neumann nach Wien und Paris zu den höfischen Baumeistern des europäischen Hochadels. Unvorstellbar, wie da ein Quereinsteiger völlig ungeniert mit den Architekten Lukas von Hildebrandt, Boffrand und de Cotte auf Augenhöhe kommunizierte und, auch das ist genial, seine Vorstellungen vom Bau der Residenz letztendlich durchsetzte.

Auch im Privatleben lief es für den Balthasar nicht schlecht. Er heiratete eine angesehene Würzburger Bürgerstochter und dazu gab es ein stattliches Haus in der Franziskanergasse, über dessen Dach sich noch heute ein schönes Belvedere stolz erhebt. Seinen Landsitz hatte er in Randersacker auf dem Grundstück seiner aus dem Weindorf stammenden Ehefrau gebaut, dessen übriggebliebener Pavillon der ganze Stolz der Winzergemeinde ist, neben einer goldenen Badewanne, von der allerdings nicht bekannt ist, ob sie der Baumeister seinerzeit benutzte.

Allerdings blieb ihm zeitlebens eine Anerkennung der adeligen Eliten verwehrt, in denen er verkehrte. Keine Erhebung in den Adelsstand oder ein Platz im Schatten der Residenz wurde ihm gegönnt. Ganz im Gegenteil. Die Fürstbischöfe, allen voran die Schönborns, behandelten ihn wie einen Leibeigenen. Er wurde als Obrist der fränkischen Artillerie bezahlt, heute vergleichbar mit BAT 13, höchstens 14. Er wurde in der Familie der Schönborns herumgereicht aus verwandtschaftlicher Gefälligkeit, baute mal hier ein Schlösschen für sie oder plante dort ein Treppenhaus. Ein Denkmal für Balthasar Neumann, das ihm seine Auftraggeber für seine Verdienste errichtet hätten, sucht man vergebens in der Stadt. Selbst sein Grab ist nicht bekannt, es befindet sich irgendwo innerhalb der Marienkapelle am Markt.

Armer berühmter Balthasar Neumann!

Der Größenwahn beginnt

1720 n. Chr. Man stelle sich vor, in einer Kleinstadt wie Ochsenfurt, Karlstadt oder Kitzingen beschließt der Bürgermeister: Wir bauen uns jetzt ein Schloss! Einfach so, ohne den Stadtrat oder gar die Bürger einzubeziehen oder gar darüber abstimmen zu las-

sen. Doch damit nicht genug, das Schloss muss auch repräsentativ sein, Größe und Ausstattung spielen dabei keine Rolle. Undenkbar in der heutigen Zeit!

Genauso ist das damals gewesen in Würzburg mit dem Bau der Residenz. Ein absolut regierender Bischof namens Johann Franz von Schönborn beschloss seinerzeit einfach so, für sich eine Residenz zu bauen.

Aber woher kam das viele Geld dafür? Den unverhofften Geldsegen brachte seinerzeit ein Zivilprozess gegen einen ehemaligen Hofbeamten des Bischofs von Greiffenclau, einen gewissen Jakob Gallus von Hohlach. Ihm wurde Untreue von Türkengeldern vorgeworfen und er wurde zu einer Zahlung von 500.000 Gulden verurteilt. Auf den ersten Blick eine stattliche, doch fassbare Geldmenge. In heutige Euro-Währung umgerechnet entsprach diese Summe aber mehr als 38 Millionen Euro!

Der Onkel von Johann Franz von Schönborn, der Kurfürst von Mainz und Bischof zu Bamberg, selbst ein begeisterter Bauspekulant, empfahl dem Neffen, das Geld zukunftssicher in Immobilien anzulegen. Der Begriff „Beton-Gold“ hatte sich seinerzeit allerdings noch nicht durchgesetzt. Geeignet wären nach seiner Meinung Kaufhäuser zum Geldausgeben für die Bürger oder auch Gasthäuser für das Tourismusgeschäft. Wenn er jedoch sich selbst etwas Gutes tun möchte – und wer von den Reichen möchte das wohl nicht –, so empfehle er ihm eine kleine Residenz. Er hätte bei seiner letzten Reise nach Frankreich ein paar schöne Objekte gesehen, auch in Wien übrigens. Am besten habe ihm aber das Schloss von Versailles gefallen.

Die Architekten kenne er im Übrigen persönlich und er könne die nötigen Connections herstellen.

Der Vorschlag des Onkels stieß beim Würzburger Bischof Schönborn auf offene Ohren. Ein Schloss, ja, das wäre es. Als er den Kontoauszug der Überweisung sah und die Summe von 500.000 Gulden, begann er sofort zu rechnen: Kubikmeter umbauter Raum eines Schlosses mal gehobener Luxus-Preis. Das Resultat war für den Bischof mehr als überraschend, es war überaus erfreulich. Von dieser Summe konnte er sich sogar zwei Schlösser leisten. Zwei Schlösser, das wäre es, dachte er sich und entschied so. Letztendlich wurde sein Plan auch ausgeführt. Die Würzburger Residenz ist von ihrer Bauart her ein Doppelschloss mit verbindendem Quertrakt: links und rechts je ein Schloss und dazwischen das Treppenhaus und der Kaisersaal.

Und damit begann der Würzburger Größenwahn des Residenzbaus, denn seinerzeit waren die Schönborns „vom Bauwurm befallen“, wie ein Mitglied der Familie selbst verkündet hatte!

„Jetzt, wo die Finanzierung gesichert ist“, dachte sich der Schönborn, „fehlt mir eigentlich nur ein geeigneter Architekt … Da war doch so ein talentiertes Bürschchen bei Baumeister Müller im Mainviertel. Mal sehen, ob der was kann …“

Zu Hofe in Würzburg

1720 bis 1754 n. Chr. Ganz im Sinne des Absolutismus wurde die Würzburger Residenz unter ihren Fürstbischöfen zum Staat im Staate. Er, der absolute Regent, begrüßte seine Gäste in der Empfangshalle, nachdem sie mit der sechsspännigen Kutsche eingefahren waren, und geleitete sie über die Treppenanlage gleichsam in das von Tiepolo ausgemalte Himmelsgewölbe, hinaufsteigend in die Beletage mit dem Salle des Armes und dem Kaisersaal. Er, der „Celsissimus", der Allerhöchste, logierte im gleichen Geschoss links und rechts des Kaisersaals in den prunkvollen Räumen des Corps de Logis.

Sein Hofstaat, Ministerien und ihre Beamten wurden ebenso in der Residenz untergebracht wie das Dienstpersonal und das Gesinde. Mehr als 500 Personen arbeiteten in Kanzleien, Küchen, Vorratsräumen und Kellern. Mein ehemaliger und geschätzter Gymnasialprofessor Werner Dettelbacher hat in seinem Gang durch die Würzburger Geschichte den Hofstaat der Residenz eindrucksvoll dargestellt:

> *„An der Spitze stand der Oberhofmarschall, der, wie die Inhaber der anderen Oberämter, aus dem fränkischen Adel zu nehmen war. Seiner Gerichtsbarkeit unterstanden alle bei Hof Tätigen, vom Kavalier bis zum Ofenheizer, die er persönlich in die Pflicht nahm, ‚damit Fried und Einigkeit erhalten, Zwietracht und Zank verhütet wird'. Er wurde unterstützt vom Hofmarschall, der die praktische Arbeit einem Konsulenten überließ. Ihm unterstanden in der Regel: 4 Leibärzte, der Beichtvater (zumeist ein Kapuziner), der Pfarrer der Hofkirche, 2 Hofkapläne, der Prediger, 7 Kammerdiener, 3 Kammerfouriere, 6 Hoftrompeter, ein Pauker, dann ein Konzertmeister, 15 Instrumentalisten, 4 Sopranistinnen, 2 Altistinnen, 2 Tenöre, je ein Notenabschreiber, Orgelmacher, Geigenmacher und Kalkant (Orgelbalgtreter), der Hofuhrmacher, Hoftapezierer, Hofbüchsenspanner für Sau- und Hirschjagden, 3 Kammerlakaien, 2 Kirchner, 3 Boten, 5 Heyducken (Leibgardisten aus Ungarn), Barbier und Perückenmacher, 2 Saaldiener, der Hofstubenknecht und der Kammerdienerjunge."*

Aben
ist

en
tig !!
Carlo

So weit das Personal, das für den Seelenfrieden des Monarchen und dessen Kunstgenüsse sorgte.

Es folgen die leiblichen Genüsse, für die der Mundschenk zuständig war:

„Ihm unterstanden ein Hof- und ein Landweinspeiser, der Hofküchenmeister, Küchenschreiber, 7 Mundköche, 3 Köche für die Kavaliere, der Hofzehrgeber, Hofmetzger, Seemeister, der Gewölbeknecht, der Geflügelwart und 2 Küchenpförtner. Mit dem Personal des Oberstall- und Oberjägeramtes und der Kellerei waren das rund 420 Personen, die bei Hof verköstigt werden mussten, ohne die vom Fürsten eingeladenen Gäste. In einem Jahr wurden u. a. verzehrt: 80 Hirsche, 100 Spießer und Schmaltiere, 47 Hirschkälber, 98 Rehe, 18 Stück Damwild, 19 Wildsäue, 48 Bachen und 70 Frischlinge, 1006 Hasen, Hunderte von Feldhühnern, Wildenten, Fasanen und Wachteln, dazu 15.000 Eier und 132 Zentner Karpfen.“

Um eines klarzustellen, die Begriffe „low fat“ oder „Weight Watchers“ waren seinerzeit out am Hofe des Bischofs. Das Kalorienzählen überließ man der Bevölkerung jenseits des Residenzgitters, wobei es bei ihr weniger um die schlanke Linie ging als ums Überleben. Andererseits hatte ein solches Luxusleben auch seine Konsequenzen, vor allem bei der Gesundheit. Man beachte die stattliche Zahl von vier Leibärzten zur Behandlung von Fettleber und Herz-Kreislauf-Erkrankungen, ganz zu schweigen von der „Französischen Krankheit“, der Syphilis, die allerdings nicht auf das Essen zurückzuführen ist.

Gute alte Zeit.

Die Wunder vom Käppele

1748 n. Chr. Es gibt im Leben eines jeden Menschen symbolische Akte, die sich rituell wiederholen. Ich denke da zum Beispiel an die alle vier Jahre wiederkehrende Bundestagswahl oder an den aufsteigenden weißen Rauch im Vatikan nach einer Papstwahl. Ähnlich verhält es sich bei mir und, wie ich zwischenzeitlich mitbekommen habe, auch bei vielen meiner Würzburger Zeitgenossen, wenn man nach langer Abwesenheit wieder nach Würzburg zurückkehrt. Der erste Blick bei der Rückkehr gilt dem Käppele, danach der Festung. Wenn diese freundlich zurückgrüßen, ist man gewiss, dass in Würzburg alles beim Alten geblieben ist: Eine C-Partei stellt den OB, die Mehrheit der Würzburger ist katholisch, der Bauers Adi weiht jedes Weinfest ein und Kurt Schubert ist immer noch Ratskeller-Wirt. Man ist beruhigt.

Diesem Phänomen, also der beruhigenden Wirkung des Käppele, nicht dem der anderen, gilt es nachzugehen, es hat schon etwas Geheimnisvolles, gar Wundersames. Ein Grund liegt sicherlich darin, dass die Lage seinerzeit der Ort einer spirituellen Begebenheit war. Ein Fischerjunge soll, so die Legende, um 1640 während des Dreißigjährigen Krieges am Ufer des Mains eine Pieta gefunden haben, also eine geschnitzte Marienfigur, die den toten Christus auf ihrem Schoß betrauert. Diese Figur nahm der junge Mann mit in den Weinberg des nahen Nikolausberges und legte ihn an einem Bildstock, dem Ort des heutigen Käppele, nieder. Danach wurde der Bildstock mit Erlaubnis des Bischofs Johann Philipp von Schönborn mit einer kleinen Kapelle umgeben und schnell entwickelte sie sich zu einem Wallfahrtsort.

Mit dieser Wallfahrt begannen auch die Legenden um das Käppele. Als sich Bischof Gottfried von Guttenberg weigerte eine größere Kapelle für die zunehmende Zahl der Wallfahrer zu bauen, sollen drei Jahre lang des Nachts von der Festung aus seltsame Lichterscheinungen gesehen worden sein. Es kam ein Feuerschein aus der Kapelle und Fackeln zogen den Käppelesberg hinauf. Gottfried sah sich daraufhin genötigt eine größere Kapelle zu bauen. Während des Napoleonischen Krieges sollen Soldaten eine weißgekleidete Frau beobachtet haben, die mit ihrem Gewand Kanonenkugeln aufgefangen habe. Und wer das alles als Humbug sieht, dem sei gesagt, dass das Käppele die Bombennacht des 16. März 1945 ohne eine Beschädigung überstanden hat. So weit die Legenden.

Das allein ist es jedoch nicht, was das Besondere am Käppele ist. Es ist der Bau des Balthasar Neumann, der bis heute den Reiz ausmacht. Er hat den Kirchenbau 1748 kurz vor seinem Lebensende entworfen, also nachdem er die Residenz und viele Kirchenbauten wie zum Beispiel Vierzehnheiligen hinter sich hatte. So liegt seine ganze schöpferische Erfahrung in diesem Bau. Der Kirchenbau ist auf Fernsicht konzipiert, aber so, dass er nicht unscheinbar erscheint. Die geniale Front einer Basilika en miniature strahlt so viel Größe aus. Dazu die Wahl der Zwiebeltürme als Ensemble heiterer Bedachung. Dieses Gesamtkunstwerk ist einmalig, sowohl in der Wahl

Auf! Weiter! Nur noch ein paar Stufen!
Carlo

der Örtlichkeit wie auch in der Architektur. Was das Käppele in seinem Äußeren verspricht, setzt es in seinem Inneren fort. Dieses Feuerwerk von Farben, Ornamenten und Raumensembles ist Rokoko in seiner höchsten Entfaltung.

Wer sich das Käppele in Vollendung erschließen möchte, wählt den Fußweg über die Treppe mit der Passion Christi in den Pavillons mit Figuren von Johann Peter Wagner. Wallfahrer beten an Pfingsten auf jeder der 256 Stufen ein „Ave Maria" und legen dann in der Gnadenkapelle eine Votivgabe ab. Dem Gläubigen sei allerdings geraten, bei geringer Sündenzahl oder protestantischem Glauben den Bus der Linie 35 zu wählen. Sie führt direkt hinauf zum Käppele, das, glauben Sie es mir, den Besucher genauso mit einem grandiosen Blick über die Stadt belohnt wie den Wallfahrer.

Das Beste für die Residenz

1752/1753 n. Chr. Der Rohbau der Residenz war fertig, wenn auch mit kurzen Unterbrechungen während der Regentschaft des Bischofs Anselm Franz von Ingelheim. Das Geld ging aus. Was nun? Da war doch irgendwo in Sachsen so eine Sache mit Gold? Irgend so ein Alchemist konnte Gold künstlich herstellen, oder? Der Gedanke gefiel dem Regenten und im Handumdrehen wurde ein Labor neben der Residenz eingerichtet. Wie ein Kadaver Maden anzieht, so kamen Scharlatane und selbsternannte Alchemisten in Scharen nach Würzburg, denen jeder Wunsch zur Goldherstellung erfüllt wurde. Die Träume des Bischofs zerstoben letztendlich in einem Feuerball, denn seine ganze Chemieküche samt angrenzendem Getreidespeicher gingen in Flammen auf. Nicht lange danach starb der Bischof, Quacksalber hatten ihn zu Tode kuriert. Darum merke: Es ist nicht alles Gold, was glänzt!

„Ein Schloss über den Schlössern" sollte die Residenz für den Fürstbischof Johann Philipp Franz von Schönborn sein. Diesen Anspruch machte sich auch der nachfolgende Bischof Karl Philipp von Greiffenclau zu eigen. Das Beste und Teuerste war gerade gut genug für die Ausstattung des Interieurs. Es sprach sich schnell in deutschen Landen und auch außerhalb herum, dass sich in der fränkischen Provinz gut Geld verdienen ließ. Bildhauer, Kunstschmiede, Stukkateure und Maler kamen aus Oberitalien, Frankreich und Prag in die Stadt am Main. Darunter auch ein hochgelobter Künstler mit Namen Visconti. Der Maestro, seines Zeichens der Maler aller Maler, ließ sich mit viel Geld hofieren, einschließlich fürstlicher Verköstigung. Nur sein Werk, die Ausmalung des Treppenhauses, hielt er vor den Augen seines Auftraggebers verschlossen,

etwas mehr nach links!
Carlo

bis dieser auf einer Begutachtung bestand. Das Ergebnis veranlasste den Bischof, ihn mit einem Tritt in den Hintern aus der Residenz zu komplimentieren – es ist nicht alles Gold, was glänzt!

Jetzt gab es kein Halten mehr. Klotzen statt Kleckern. „Die Schönborns haben sich mit dem Bau ein Erbe gesetzt, dann mache ich es mit der Einrichtung", dachte sich Bischof Greiffenclau und beauftragte den Malerfürsten Giovanni Battista Tiepolo aus Venedig. Der kam mit seinen beiden Söhnen und Gehilfen samt einem Vertrag: für die Ausmalung des Kaisersaals 10.000 Florentin, dazu freie Kost und Wohnung und zudem ausreichenden Urlaub für Nebenaufträge. Nach der Fertigstellung des Kaisersaals folgten mit begeisterter Zustimmung des Bischofs noch die Fresken in dem Gewölbe über dem Treppenhaus, nochmal 12.000 Florentin. Umgerechnet entspricht die gesamte Summe heute etwas mehr als 2.000.000 Euro bei freier Kost und Wohnung.

Würzburg war für ein paar kurze Jahre der künstlerische Mittelpunkt Europas. Dazu gesellten sich die Bildhauer van der Auvera aus Flandern, der Stukkateur Bossi aus der Lombardei, der Maler Byß aus der Schweiz und neben vielen anderen auch der Kunstschmied Oegg aus Tirol. Wie auf der Darstellung Europas im Treppenhaus entschwebte der Bischof seinen Bürgern und dem Domkapitel in einer Apotheose – man möchte es fast glauben, nachdem er für die späteren Generationen eine der prächtigsten Residenzen Europas geschaffen hatte. Ohne Zweifel war Würzburg damals wirtschaftlich, fiskalisch und künstlerisch auf dem Höhepunkt seiner Geschichte.

Zum Schäferstündchen nach Veitshöchheim

1763 n. Chr. Was wäre eine barocke Residenz ohne einen repräsentativen Garten? Unvollkommen, dachte sich der Bischof Adam Friedrich von Seinsheim, nachdem seine Vorgänger den Residenzbau außen wie innen unübertroffen vollendet hatten. Aber wohin mit einer passenden Gartenanlage? Nicht weit hinter der Residenz lag die Stadtbefestigung, weshalb sich dazwischen lediglich Platz für einen kleinen barocken Schrebergarten bot, natürlich den höfischen Ansprüchen entsprechend mit Laubengängen, Treppenanlagen, figurengeschmückten Brunnen und einer bescheidenen Orangerie. Aber was würden die hohen Gäste und Besucher wohl sagen? „War nicht mehr drin im Säckel, euer Gnaden?"

Also blieb dem Geschmack des Bischofs nichts anders übrig, als sich nach einem geeigneten Terrain für einen Rokoko-Freizeitpark umzusehen. War da nicht im nahen Veitshöchheim dieses kleine Jagdschlösschen des Julius Echter? Natürlich! Und genug Platz für einen passenden Garten war auch da und Wasser für einen See und Arbeit für die Veitshöchheimer! Somit war der Plan für ein Disneyland im Stil des Rokoko geboren. Natürlich nicht für jedermann, nur für den Bischof, den Hofstaat und seine Gäste. Schließlich brachte der Bischof das Geld dafür mit und nicht seine Untertanen.

Kommen wir nun zu den damals beliebten Freizeitaktivitäten der adeligen Gesellschaft. An erster Stelle stand das Jagen. Abgesehen davon, dass sich bezüglich der Exklusivität dieser Betätigung bis heute nichts geändert hat, waren die Herrschaften seinerzeit bequemer. So wurde neben dem ausgebauten Schlösschen ein Schießturm gebaut und davor ein mit Seilen umspanntes Terrain errichtet. An den Seilen hingen Stofffetzen, damit das in das Gehege getriebene Wild nicht davonlaufen konnte. Vom Turm aus wurde dann der ein oder andere Zwölfender erlegt, „bisweilen ging aber einer von ihnen durch die Lappen“.

Nach dem anstrengenden Jagen war ein „Schäferstündchen“ angebracht. Schnell hatte man sich als Schäfer und Schäferin verkleidet und spielte in den Gängen und Lauben „Versteckerles“.

Die Schäferin lief davon, der Schäfer hinterher. Es dauerte bisweilen sehr, sehr lange, bis er die Schäferin gefunden hatte, obwohl lautes Gekicher und genussvolle Ausrufe der Damen es dem Suchenden eigentlich leicht machen sollten, sie zu fangen.

Anschließend war ein kleines Picknick angesagt. In den eigens dafür gebauten Pavillons mit Palmensäulen und krönenden Ananas ließ es sich vortrefflich speisen und naschen.

Auch ein kleines Open-Air-Theater fand im Garten Platz, um dem Hobby des Bischofs nachzugehen. Er selbst, ein begeisterter Anhänger der italienischen Oper, ließ es sich nicht nehmen, das Orchester höchstpersönlich zu dirigieren. Im Souterrain saßen die Zuschauer und auf der erhöhten Terrasse kamen aus den Heckenkulissen die singenden Darsteller. Ein Kunstgenuss ohne den störenden Lärm der damals noch nicht vorbeirauschenden Eisenbahn.

Der absolute Höhepunkt aber waren im unteren Teil des Gartens die Wasserspiele im See. In der Mitte des Sees prangte der Parnass, der Berg der Künste, ein Meisterwerk des Bildhauers Ferdinand Tietz. Ihm zu Füßen Apoll, der Chef der Künste, und seine Musen wie der Gesang, die Musik, die Malerei oder die Literatur. Allesamt weiß wie Porzellan. Auf dem Gipfel stieg das geflügelte Ross Pegasus empor im goldenen Glanz. Doch nicht genug des Augenschmauses, nein, zu den Wasserfontänen erschallten auch die silbernen Klänge eines Glockenspiels aus dem Leib des Pferdes.

Also mal ganz ehrlich: Es war schon geil, damals in Würzburg Bischof gewesen zu sein, oder?

Wein aus dem Vierröhrenbrunnen

1763 n. Chr. Unter dem neudeutschen Begriff „Meeting-Point" versteht man einen Treffpunkt; der Franke sagt dazu „Spetzplatz" oder „Spetz-Eck". Ein solcher befindet sich vor dem Rathaus, und dort steht der Vierröhrenbrunnen. Ein Prachtstück und mit Abstand der schönste Brunnen der Stadt. Sein heutiges Aussehen erhielt er 1763 vom Bildhauer Peter Wagner, gebaut nach Entwürfen seines Werkstattpartners Lucas van der Auvera, der maßgeblich an der Ausstattung der Residenz beteiligt gewesen ist. Aus den geöffneten Mäulern von vier Delphinen wird das den Brunnen umgebende Becken mit Wasser gespeist. Über den Delphinen thronen vier Grazien mit symbolischer Aussage. Sie stellen die vier Tugenden der Stadt Würzburg dar: eine „Justitia" mit der Waage der Gerechtigkeit, die „Tapferkeit" und die „Weisheit" und, auch hier eine Symbolik, dem Ratssaal gegenüber die „Bescheidenheit". Ihr Gestus besteht darin, dass sie aus einem Becher eine Flüssigkeit, vielleicht Wasser, in ein Gefäß gießt. Mancher Würzburger Zeitgenosse deutet sie daher auch als Personifizierung der „Weinschorle". Ein netter Gedanke.

Seinen an sich nüchtern klingenden Namen Vierröhrenbrunnen hat der Brunnen allerdings von seinem Vorgänger. Kurz zuvor, es war irgendwann in den dreißiger Jahren der Residenzbauperiode, wurde Balthasar Neumann von Bischof Schönborn gebeten eine Wasserleitung in der Stadt zu verlegen. Man mutmaßt, dass der Bischof erfahren hat, dass sein Kollege in Versailles, der König von Frankreich, sich ein Wasserklosett ins Schloss hat bauen lassen. Das musste auch her. Aber dazu benötigte man sowohl eine Wasserleitung als auch einen Abwasserkanal. Und dazu beauftragte er Balthasar Neumann. Von einem Wasserturm außerhalb der Stadt aus, es wird in der Umgebung des heutigen Hauptbahnhofs gewesen sein, wurde unterirdisch eine Wasserleitung aus Bleirohren verlegt. Eine Leitung führte direkt zur Toilette des Bischofs, die andere endete vor dem Rathaus zum „Grünen Baum". Hier

Freiwein aus dem Brunnen – schon wieder ein neuer Bischof!
Carlo

stand seit Menschengedenken ein Ziehbrunnen, der nunmehr durch eine Steinsäule ersetzt wurde, aus deren vier Eisenrohren fließend Wasser sprudelte. Eine Sensation! Fließend Wasser! Das kannten die Würzburger nur vom vorbeifließenden Main.

Ein Zeitgenosse berichtet dem Bischof: „Alle Einheimischen und Fremden versuchen das Wasser; einige stehen mit Krügen, Einige mit Gläsern, andere mit Bütten da, das Wasser zu holen. Einer drinckhet auß der Röhren, der andere haltet den hutt auf und thun nicht anderst, als laufete wein heraus!"

Guter Gedanke, dachten sich die Bürger und weihten das Ereignis eines Brunnens mit fließendem Wasser gebührlich ein. Aus den vier Rohren kamen bei der Einweihung jeweils Rotwein und Weißwein. Eine Tradition, die bis in die Neuzeit gepflegt wurde, und zwar bei Neuwahl eines Bischofs oder wenn der Kaiser zu Besuch kam. Der letzte auf diese Weise eingeweihte Brunnen war der Häckerbrunnen auf dem Oberen Markt in den siebziger Jahren des letzten Jahrhunderts.

Kommen wir nochmals auf den „Spetzplatz" zurück. In den Zeiten, als es noch keinen Fernseher und kein Internet gab – man glaubt es kaum, aber die gab es auch –, traf man sich immer am Vierröhrenbrunnen auf dem Spetzplatz: Müßiggänger, Beschäftigungssuchende, Kutscher, Bediente, Mäkler, Schubkärner, Taglöhner oder einfach nur Gaffer. Zu sehen gab es da immer was von Vorbeiziehenden und Ratsch und Tratsch ohne Ende. Wer heute am Vierröhrenbrunnen steht, meint, die Zeit sei stehengeblieben. Nur die Gaffer sitzen jetzt in der Außengastronomie vom Ratskeller, denn zu sehen gibt es immer etwas. Manch einer hat sicherlich auch keinen Fernseher zuhause.

Götterdämmerung

1803 n. Chr. Eigentlich hätte es so weitergehen können: Spaß ohne Ende in Würzburg. Und allen ging es gut unter dem Krummstab des Bischofs, zumindest denen, die sich mit dem System arrangierten. Das Handwerk blühte, vor allem auch deswegen, weil viele an der Residenz beschäftigten Handwerker, die von weit her kamen, sich in Würzburg niederließen. Aufträge für sie

gab es genug, denn die Strahlkraft der Residenz leuchtete weit in die fränkischen Lande. Viele der kleinen, aber sehr, sehr reichen Weindörfer ließen sich von der Baukunst in Würzburg inspirieren und eiferten ihr nach. So entstanden prächtige Rathäuser, repräsentative Weingüter und kleine Residenzen. Ein jeder wollte ein kleiner Fürstbischof sein und es auch zeigen.

Zu Wasser und zu Lande blühte der Handel, auch dank der durch Bischof Franz Ludwig von Erthal regen Aktivitäten im Straßenbau. Würzburg lag verkehrsgünstig an den wichtigen Handelsstraßen zwischen Prag, Wien und Frankfurt. Am Main wurde ein Kranen von keinem Geringeren als dem Sohn des Balthasar Neumann, Ignaz Neumann, gebaut, der damals noch nicht als „Alter" Kranen bezeichnet wurde. Eigentlich lief es ganz gut für das Hochstift, wären da nur nicht beunruhigende Nachrichten aus dem nahen Frankreich gekommen. Die waren geradezu beängstigend. Eine Revolution stürmte über das Land und mit ihr wurde der ganze französische Hochadel einschließlich des Königs Ludwig XVI. und dessen Gattin Marie-Antoinette hinweggefegt. Das verursachte auch dem Bischof in Würzburg schlaflose Nächte. Wie immer machten einige Studenten Ärger, aber mit wenig Auswirkungen.

Bischof Erthal versuchte sich aus den Unruhen herauszuhalten, gleichsam plante er eine Volksmiliz. Sicher ist sicher, man kann ja nie wissen! Aber das kleine Hochstift wurde in den nun folgenden Revolutionskriegen immer kleiner. Französische Truppen rückten an, der zwischenzeitlich nachgefolgte Bischof Fechenbach floh nach Böhmen, versprach aber wieder zurückzukommen, wenn die Luft rein sei. Nach den Franzosen kamen die Österreicher, angeführt vom Erzherzog

Karl, der später eine Gaststätte im Frauenland eröffnete. Sie verjagten die Franzosen und somit wurde die Luft wieder rein für Bischof Fechenbach, um in sein geliebtes Würzburg zurückzukehren. Kaum hatte er die Koffer ausgepackt, rückten die Franzosen unter General Moreau erneut gen Würzburg an. Also hieß es wieder Koffer packen und diesmal ab nach Meiningen, begleitet von einem kleinen Hofstaat und der Hofküche, die einen exzellenten Ruf genoss. Kaum in Meiningen angekommen und ausgepackt, zogen die französischen Truppen ab und der Bischof kehrte zurück.

Kurz darauf wurden die politischen Karten in Europa erneut gemischt. Der Stern des kleinen, aber feinen Hochstifts begann zu sinken. Bayerische Truppen marschierten ohne Gegenwehr in Würzburg ein und der Bischof dankte ab. 1803, im Jahre des Reichsdeputationshauptschlusses – man fragt sich heute noch, welchem Idioten diese Wortschöpfung eingefallen ist –, ist alles besiegelt. Der Bischof zog sich nach Werneck in sein Neumannschloss zurück mit fürstbischöflicher Apanage.

Aus war's nach 1.000 Jahren fürstbischöflichem Leben in der Stadt am Main!

Napoleon im schönsten Pfaffenhaus Europas

2. Oktober 1806 n. Chr. Bayern und Würzburg, das war keine Liebe auf den ersten Blick. Für eine kurze Zeit von drei Jahren, von 1803 bis 1806, sozusagen um sich zu beschnuppern, war Würzburg bayerisch. Mit der Aufhebung des Herzogtums Franken war Würzburg vorübergehend ohne bischöflichen Glanz und Einfluss. Der Verlust des einen war der Gewinn des anderen, nämlich des Bürgertums. Die bis dahin bestehende katholische Staatsreligion wurde aufgehoben und Protestanten und Juden kehrten wieder nach Würzburg zurück. Kunst und Wirtschaft florierten zugunsten einer breiten Bevölkerung.

Doch es gab Hoffnung auf eine Rückkehr zu höfischer Vergangenheit. Nach drei Jahren bayerischen Intermezzos kam mit Großherzog Ferdinand von Toskana wieder Glanz in die fränkische Metropole. Was viele bis heute vermuten, nämlich dass Unterfranken eigentlich mehr südländisch als nordisch sei, wurde nunmehr amtlich mit einer gefühlten Toskana. Und von Napoleons Gnaden kam auch das französische Lebensgefühl „Savoir-vivre“ in die Stadt. Von 1806 bis 1814 war Würzburg wieder ein Großherzogtum mit einem Regenten an der Spitze.

Der Wandel zeigte sich auch im Stadtbild. Mit Peter Speeth, dem Architekten des Großherzogs Ferdinand, kam auch der Klassizismus in die Mainmetropole. Noch heute sind das ehemalige Frauenzuchthaus in der Burkaderstraße, das Zeller Torhaus, das Gerichtsdienerhaus in der Turmgasse und das Wohnhaus des Landrichters Wirth in der Sanderstraße Zeugnisse seiner Handschrift. Nach dem damaligen Stil mit leicht ägyptischen Architektureinflüssen entsprachen sie dem Geschmack Napoleons. Bereits 1802 wurde in der Mitte des Marktplatzes ein Brunnen errichtet, der mit einem Obelisken bekrönt war. Noch heute ist dieser Obelisk nicht nur eine außergewöhnliche Attraktion jenseits der Alpen, sondern auch Grund für Spekulationen. Er steht nämlich in

oh Napoleon, was hast du unter deiner Weste?
Naturlement einen Schoppen aus dem Hofkeller!

keinem geometrischen Verhältnis zu irgendwelchen Gebäuden, die den Markt umgeben. Aber so sind sie halt, die Obelisken, immer dickköpfig mit eigenem Willen.

Doch zurück zu Napoleon. Am 2. Oktober 1806 kam der Kaiser Napoleon höchstpersönlich nach Würzburg und bezog die Residenz. Bezeugt ist der Ausspruch des Kaisers beim Anblick der Residenz: „Was für ein prächtiges Pfaffenhaus hier steht!“ Arm in Arm spazierten Napoleon und die Kaiserin Marie-Luise, die die Großnichte Ferdinands war, durch den Hofgarten. Man nahm einige Tassen Kaffees mit Likör zu sich und genoss die fränkische Küche. Allerdings hatte es ihm den Appetit verschlagen, als er das preußische Ultimatum erhielt, sich in kürzester Zeit mit seinen Truppen jenseits des Rheines zurückzuziehen.

Von der französischen Zeit ist in Würzburg wenig übriggeblieben, außer witzigen Verballhornungen in der Sprache wie der Nachttopf „Botschamber“, der Gehsteig „Trottoir“, der Geldbeutel „Portemonnaie“, der Ausruf „Viesematenten“ oder die Weinschorle „Schorle-Morle“, was angeblich von „toujours l'amour“ kommt.

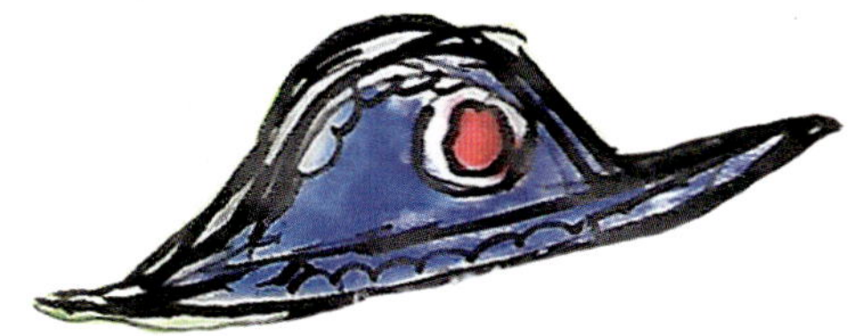

Kennst du das Land,
wo die Silvaner blühn
Carlo

Prominenz in Würzburg

1790 und 1815 n. Chr. Würzburg und Prominenz, das ist bis heute keine Liebesbeziehung. Sieht man mal von lokalen Berühmtheiten ab, so sucht man vergeblich große Namen und Persönlichkeiten, die es dauerhaft nach Würzburg zog. Der Missionar Kilian zum Beispiel, und da bin ich mir absolut sicher, hat es in den letzten Stunden seines Lebens, bevor er hier gemeuchelt wurde, bitter bereut, sich nach Franken begeben zu haben. Wir erinnern uns seiner letzten Worte: „It was a fucking idea to go to that bloody Würzburg!"

Ähnlich erging es sicherlich dem Bildhauer und Schnitzer Tilman Riemenschneider. Die Mär von den gebrochenen Händen bei seiner Inhaftierung auf der Festung steht symbolisch für ein erfolgreiches Lebenswerk mit tragischem Ende. „Ich hätte die Finger von der Politik lassen sollen!", dachte er im doppelten Sinne bei sich. Politik und Kunst sind seit jeher keine guten Verwandten.

Und der Maler Tiepolo aus Venedig, sicher der berühmteste Kunstschaffende in Würzburg, ließ sich seine Arbeit fürstlich entlohnen. „Eines muss man den Pfaffen lassen", dachte er sich, als er nach Abschluss seiner Fresken in der Residenz wieder gen Süden zog, „sie haben nicht nur einen guten Geschmack, sondern auch reichlich Geld im Säckel!"

Alle anderen Berühmtheiten ihrer jeweiligen Zeit sind nur kurzfristig, meist bei der Durchfahrt, mit Würzburg in Berührung gekommen. Hand aufs Herz, das gilt heute noch. Würzburg kennt jeder in Deutschland – vom Vorbeifahren oder von der Staumeldung.

Hier einige zeitgenössische Beispiele:
Wolfgang, der „Gott-geliebte" Mozart, kam am 27. September 1790 in die Stadt am Main. Er war auf der Fahrt nach Frankfurt zur Kaiserkrönung und hatte in Nürnberg gefrühstückt. Das Frühstück muss miserabel gewesen sein, so schrieb er doch an sei-

ne Gemahlin Constanze: „Liebes, bestes Herzens-Weibchen … zu Nürnberg haben wir gefrühstückt – eine hässliche Stadt …“ Seine Stimmung hellte sich jedoch auf, als er über den Letzten Hieb hinunter nach Würzburg fuhr und seinen Brief fortsetzte mit der Äußerung: „… Zu Würzburg hatten wir unseren teuren Magen mit Kaffee gestärkt, eine schöne, prächtige Stadt!“ Tja, das war's dann schon mit dem Aufenthalt zu Würzburg. Allein diese Tasse Kaffee war dann auch der Anlass, ein Mozartfest in Würzburg zu veranstalten. Seit 1921 wird alljährlich in der Residenz einen ganzen Monat konzertiert. Hätte es der „Gott-Geliebte“ seinerzeit geahnt, wer weiß, vielleicht hätte er die kleine Nachtmusik im Hofgarten komponiert?

Einige Jahrzehnte später, am 8. Oktober 1815, übernachtete der 66-jährige Johann Wolfgang von Goethe auf seiner Reise von Frankfurt nach Weimar im seinerzeit renommiertesten Gasthof am Platz, „Zum Schwanen“, dem heutigen Kaufhaus Wöhrl, das auf dem ehemaligen Schwanengelände steht. Seinen geliebten „Steinwein“, den er sich alljährlich in größeren Portionen schicken ließ, genoss er sicherlich als „Brückenschoppen“ auf der nahen Mainbrücke. So schrieb er doch nach dem dritten oder vierten Glas in sein Tagebuch:

„In Würzburg am Stein,
in Klingenberg am Main
und Bacharach am Rhein,
da wächst der beste Wein!“

Die Würzburger meinen allerdings, dass es der Erwähnung von Bacharach nicht bedurft hätte, der Dichter es aber wegen des Reimmaßes für angebracht hielt. Der Rheinwein spielte dabei keine Rolle.

Am Sonntag gehen wir spazieren

1807 n. Chr. Die Würzburger Gesellschaft erlebte in den hundert Jahren nach dem Ende der fürstbischöflichen Regentschaft eine grundlegende Änderung hin zum bürgerlichen Leben, die bis heute anhält. Mit dem gesellschaftlichen Wandel ging auch ein allmählicher Umbruch im Stadtbild einher.

Fangen wir mit den äußeren Erscheinungen an, dann müssen wir zuerst das „Glacis" nennen. Was den Würzburgern ein liebevolles und unantastbares Kleinod ist, war davor nichts anderes als das freie Schussfeld vor den Stadtmauern. Zugegeben, „Glacis" klingt eindeutig vornehmer und weniger martialisch als Schussfeld. Die Stadtmauern wurden als Verteidigungsstrategie nicht länger benötigt, die technischen Fortschritte in der militärischen Zerstörungsentwicklung hatten sie überflüssig gemacht und zudem beengten sie die Stadtentwicklung – also weg damit! 1807 ließ die bayerische Regierung als eine der ersten Handlungen im nördlichen Bayern das freie Feld vor den Stadtmauern mit Pappeln bepflanzen. Die Würzburger entdeckten schnell, dass die neue Grünanlage sich vortrefflich zum Spazierengehen eignete, und so wurde der sonntägliche Spaziergang zur liebevollen Angewohnheit. Klatsch und Tratsch gab es schon immer in der Stadt, nun wurden sie zum live-event für Paare und Familien.

„Obacht, da kommen die Meiers, schön grüßen – habt ihr gehört, Kinder!" Es gab ein höfliches Plaudern mit Austausch netter Nichtigkeiten mit allerlei unterschiedlichen Wertschätzungen: „Ich kann die Müllers einfach nicht leiden. Vor allem die Müllerin, hast du den Hut von der gesehen? Da ist mein Nachttopf noch schöner!" „Potschamber, meine Liebe. So heißt das heut!" „Ist doch draufgschisse!" „Richtig."

Eine weitere angenehme Folge dieser sonntäglichen Freizeitgestaltung waren Restaurationen und Ausflugslokale, die beliebte Ziele der Würzburger wurden. So entstanden der Hutten'sche Garten, der Platz'sche Garten und das Talaveraschlösschen. Übrigens, das Wort „Talavera" steht für eine Schlacht in Spanien während der Napoleonischen Kriege, was den Würzburgern allerdings nicht bekannt ist. Für sie ist die Talavera gleichbedeutend mit dem Volksfest Kiliani und kostenfreiem, stadtnahem Parken. Besser so als eine Schlacht.

Um 1880 geschah dann mit dem Glacis ein kleines städtebauliches Wunder in Person des schwedischen Gartenarchitekten Jens Person Lindahl. Auf Anregung des damaligen Bürgermeisters Georg von Zürn stellte der Magistrat den bekannten schwedischen Landschaftsgärtner für den neu geschaffenen Posten des Stadtgärtners ein und beauftragte ihn mit der Umgestaltung des Glacis. Ein genialer, aber äußerst sensibler Geist. Das, was wir heute im Glacis sehen und lieben, verdanken wir diesem Mann. Gewellte Hügellandschaften, kleine Seen, offene Rasenflächen und eine gezielte Auswahl von mehr als 300 Arten von Gehölzen und Bäumen ließen eine einzigartige Erlebnislandschaft entstehen. Doch der Haken an der Sache waren die Würzburger. Bürgerbeteiligung und Mitsprache waren seinerzeit keine Mittel, ebenso wenig die Offenlegung von Plänen. Also mussten die Würzburger, ohne vorher informiert zu werden, miterleben, wie ihr Glacis

abgeholzt, umgegraben und aufgeschüttet wurde. Der Volkszorn erhob sich und es setzte eine Welle von öffentlichen Anfeindungen, Beleidigungen und Diffamierungen gegen den genialen Schweden ein. Zum Schluss waren alle außer dem Verschönerungsverein gegen ihn. Er setzte seinem Leben ein Ende in seinem geliebten Glacis.

Und heute ist das Erbe dieses großen Landschaftsgärtners aus dem Stadtbild und dem Leben der Würzburger nicht mehr wegzudenken. Was wäre ein sonntäglicher Spaziergang ohne das Glacis und die lieben Mitmenschen, die man dabei trifft?

KoeBau und Noell

1824 n. Chr. Würzburg, das kann man mit Fug und Recht sagen, war und ist eine Stadt, die von Verwaltung, Handwerk, Wissenschaft und katholischer Kirche geprägt ist. Das ist der Boden für Tradition, Beständigkeit und Spießbürgertum, aber wahrlich keine gute Voraussetzung für Fortschritt und Entwicklung. Man ist allem Neuen und Unbekannten gegenüber immer schon misstrauisch gewesen und von vornherein verschlossen. Daran hat sich in Würzburg bis heute nichts geändert.

Schade, dabei hatte es vor 200 Jahren mit der Industrialisierung in Würzburg hoffnungsvoll begonnen und hätte zukunftsweisend sein können. Aus Ideen, Mut und Tatkraft entstanden zwei Firmen von Weltruf.

Es begann im Jahre 1824, als der Schmiedsgeselle Matthias Noell nach Würzburg kam und beim Schmiedemeister Wirth in der Neubaustraße Pferdekutschen reparierte. Schnell erkannte er, dass die Zukunft des Transportwesens nicht bei den Kutschen lag, sondern in einer neuen Technik, der Eisenbahn. Die ersten Versuche mit dampfbetriebenen Zugmaschinen begannen schon zu Beginn des 19. Jahrhunderts in Preußen und 1835 wurde die erste Eisenbahnlinie von Nürnberg nach Fürth vom bayerischen König feierlich eingeweiht. Berühmt ist bis heute auch die Lokomotive Adler. Darin liegt die Zukunft, dachten sich Matthias Noell und sein Bruder und bauten daraufhin Eisenbahnwägen zur Personenbeförderung. „Eisenbahn-Wagenfabrik Gebrüder Noell“. Der „Noell“ wurde in den darauffolgenden knapp zwei Jahrhunderten ein Inbegriff für Ingenieurwesen auf höchstem Niveau in Würzburg und exportierte seine Technik in die ganze Welt. Der Verfasser kann dies aus ei-

gener Erfahrung bestätigen. Als er vor einigen Jahren eine Reise nach Neuseeland unternahm, kam er nach fast eintägigem Flug in Auckland an und übernachtete in einem Hotel am Hafen. Als er früh aus dem Fenster schaute, staunte er nicht schlecht, als er vor dem Hotel Hafenkräne sah mit der Aufschrift „Noell".

Noch spektakulärer waren zwei Erfinder einige Jahre zuvor. Der sächsische Maschinenbauer Friedrich Koenig und sein Freund Andreas Bauer kamen aus London nach Würzburg und erwarben das aufgelöste Kloster Oberzell. Die Örtlichkeit war ideal für eine Fabrik. Zuvor hatten sie in England die maschinelle Herstellung einer Zeitung kennengelernt und wollten nunmehr diese Art Maschine auch in deutschen Landen produzieren. Eine geniale Idee,

die Zeitungspressen gingen fortan in die ganze Welt. Fast jede Zeitung auf der Welt wurde auf einer Druckmaschine von König und Bauer gedruckt. Der „KoeBau“, wie er respektvoll in der Bevölkerung genannt wurde, war über Generationen eine solides und florierendes Wirtschaftsunternehmen in der Region. Ganze Familiengenerationen verdienten sich bei ihm ihren Lohn.

Und wenn wir schon bei der Zeitung sind, dann sollte man auch unbedingt den Höchberger Leopold Sonnemann erwähnen, der 1831 als Sohn jüdischer Eltern in der Vorortgemeinde geboren wurde. Nachdem die Familie wegen antisemitischer Verfolgungen Höchberg verlassen musste, ließ sie sich in Offenbach nieder. Leopold Sonnemann gründete neben der Frankfurter Volksbank auch 1867 die Frankfurter Zeitung, die spätere Frankfurter Allgemeine Zeitung.

Doch das Schicksal und vor allem der Fortschritt meinten es mit Noell und Koenig und Bauer nicht gut. „Groß frisst Klein“ und so wurden die Ingenieure vom Noell durch ein noch größeres Unternehmen übernommen. Und auch der „KoeBau“ wurde ein Opfer der neuen digitalen Medien. Wer ein Laptop hat, liest keine Zeitung mehr, aber das Laptop haben andere erfunden.

Was die Fortschrittlichkeit der Würzburger anbelangt, so hatten auch die Firmengründer Koenig und Bauer ihre negativen Erfahrungen damit gemacht. Die Stadt erlaubte ihnen die Errichtung einer Fabrik im Kloster Oberzell nur dann, wenn sie bereit waren, diese im Verteidigungsfall in die Luft zu sprengen.

Professor Dr. Josef Behr, der tragische Frankenkönig

1775 bis 1851 n. Chr. Im Rathauskomplex befindet sich der Efeuhof. Er ist ein mittelgroßer, von Gebäudeteilen des ehemaligen Klosters der Karmeliten umfangener Innenhof, romantisch begrünt mit Efeu und deshalb ein idealer Ort für kulturelle Veranstaltungen. Damit der Hof auch witterungsunabhängig bespielt oder anderweitig genutzt werden kann, hat man ihn in jüngster Zeit mit einem Glasdach versehen und auch mit einem Namen: Behr-Halle. Die phonetisch nüchtern klingende Bezeichnung erinnert an den ehemaligen Oberbürgermeister Josef Behr. Aber, so fragt sich der Würzburger oder die Würzburgerin: „Who the fuck is Josef Behr?" Deshalb soll seiner mit dieser Geschichte gedacht, soll er geehrt und in Erinnerung gerufen werden.

Josef Behr wurde 1775 in Sulzheim bei Gerolzhofen als Sohn eines Bauern geboren. Da seinerzeit noch keine sozialliberale Bildungsreform bestand, war dies eine äußerst ungünstige Voraussetzung für eine gehobene akademische Karriere. Dank seiner Intelligenz und auch sicher durch glückliche Fügungen machte er dennoch eine akademische Ausbildung und eine steile Karriere. Nachdem er offensichtlich einige Klassen in der Schule übersprungen hatte, was an sich nicht für eine gründliche Schulausbildung spricht, studierte er in jungen Jahren Jura in Würzburg und wurde mit 24 Jahren Professor für Staatsrecht. Seine politische Karriere begann erfolgreich 1821, als er zum Bürgermeister von Würzburg gewählt wurde. Dreimal, 1825, 1827 und 1831, wurde er als Abgeordneter in den neuen bayerischen Landtag gewählt. Er war ein Vordenker für politische Erneuerungen und ein begeisterter Anhänger einer Verfassung für das Volk.

Allerdings war seinerzeit das politische Umfeld, ja sogar die politische Großwetterlage ungünstig für große Denker wie Josef Behr. Bürgerliche Bestrebungen forderten in Bayern eine Machtverschiebung vom König zum Volk. Dazu kam eine schwärmerische

Rückständigkeit des Klerus, die an alte Feudalzeiten in Würzburg erinnerte. Kurzum, Behr war seinerzeit am falschen Ort zur falschen Zeit. König Ludwig I. versetzte den freidenkenden Staatsrechtler und Professor kurzerhand in den Ruhestand mit der Folge, dass er sein Landtagsmandat nicht ausüben durfte, obwohl rechtmäßig gewählt.

Das konnte Josef Behr jedoch nicht daran hindern, seine sozialliberalen Ideen umzusetzen. So gründete er 1822 die Städtische Sparkasse in Würzburg, um „… vorzüglich Dienstboten und andere unbemittelte Personen zur Sparsamkeit aufzumuntern, dadurch dass ihnen Gelegenheit verschafft wird, wenn auch nur kleine Einnahmen auf Zinsen sicher anzulegen …“

Der Shutdown für Bürgermeister Josef Behr begann am Morgen des 27. Mai 1832. An diesem Tag fand am Fuße der Gaibacher Konstitutionssäule, die zu Ehren der ersten bayerischen Verfassung errichtet worden war, ein Verfassungsfest mit mehreren tausend Bürgern, darunter viele Verbindungsstudenten, statt. Zwei Reden von Behr entfachten bei den alkoholisierten Gästen regelrechte Begeisterungsstürme, worauf er, auf Schultern getragen, von Studenten zum „Fränkischen König“ ausgerufen wurde.

Bekanntermaßen ist bei Stammtischen Alkohol gemischt mit politischen Ideen und aufbrausenden Temperamenten nur dann ungefährlich, wenn sie lokal auf Wirtshausstuben begrenzt sind. Anders verhält es sich jedoch, wenn solche Stammtischparolen gleich welcher politischen Couleurs an die Öffentlichkeit kommen und erst recht zu Ohren eines bayerischen Regenten wie seinerzeit. Ein fränkischer König, gewählt vom fränkischen Volk, war und ist bis heute keine gute Idee. Und so wurde der sehr intelligente, aber auch sehr naive Josef Behr kurze Zeit danach verhaftet und auf unbestimmte Zeit als Hochverräter in Festungshaft genommen. Sieben Jahre später wurde er als gebrochener und kranker Mann entlassen und lebte fortan bei seiner Schwester in Bamberg.

Eine Genugtuung für ihn war 1848, gegen Ende seines Lebens, seine Wahl ins erste deutsche Parlament in der Paulskirche zu Frankfurt.

Ein dreifach Hoch, Hoch, Hoch
auf Professor Josef Behr!

Würzburg wächst und wächst ... und wächst ...

1852/1871/1905 n. Chr. Ein echter Würzburger, so sagt man, ist „mit Meewasser getauft“. Allerdings ist die Zahl der gebürtigen Würzburger nicht identisch mit der Einwohnerzahl. Ganz im Gegenteil. Die in Würzburg Geborenen machen vielleicht gerade mal ein Drittel, wenn nicht gar weniger aus. Fragt man diese dann, ob sie Würzburger sind, so antworten sie dann auch stolz: „Gebürdicher.“

Innerhalb der Gruppe von „Gebürdichen“ gibt es auch noch graduelle, soziale und kulturelle Abstufungen. Die höchste kulturelle Stufe eines „Gebürdichen“ ist ein „Meeviertler“. Die „Meeviertler“ sehen sich ihrer Abstammung nach als die Ureinwohner von Würzburg, sozusagen als „Aborigines“. Dies liegt zum einen daran, dass die Gründung der Stadt mit der Besiedelung am Fuß des Marienberges ihren Ursprung nahm, und zum anderen daran, dass, wie sie meinen, noch keltisches Blut in ihren Adern fließt. „Meeviertler“ haben stadtbekannt einen Ruf als „Raufbolde“ und erhielten wegen der Nähe zum Main die Bezeichnung „Meebrunzer“. Aufgrund der geringen Zahl an Siedlern vor tausenden von Jahren war die Einwohnerzahl noch übersichtlich. Ein Einwohnermeldeamt lohnte sich nicht, man kannte sich ohnehin. Aufgrund dieses verwaltungstechnischen Mangels lässt sich die damalige Einwohnerzahl und deren Entwicklung nur schätzen.

Entwicklungstechnisch war die Besiedelung des rechtsmainischen Gebietes der Stadt in Verbindung mit der Furt über den Main von entscheidender Bedeutung. Fortan begann der Zuzug von Auswärtigen, die wegen ihrer Teilnahme am täglichen Essen auch als „Neigschmeckte“ bezeichnet wurden. Nicht zu unterschätzen war auch der christliche Anteil von „Neigschmeckten“, die tatkräftig zur Vermehrung der Bevölkerung beitrugen, zumal das Zölibat seinerzeit noch nicht verbindlich eingeführt war. Starke Schwankungen in der Bevölkerung durch Kriege, Pest und eine erhöhte

Kriminalität, siehe Kiliansmord, waren nicht zu vermeiden. Eine erste verbindliche Schätzung der Einwohner erfolgte erstmals um 1200. Damals kam man auf eine Einwohnerzahl von circa 5000.

Bis ins ausgehende Mittelalter änderte sich an der Einwohnerzahl Würzburgs wenig, sodass 1512 genau 5365 Bürger im Einwohnermeldeamt angemeldet waren. Rund 100 Jahre zuvor hatte der Bischof Egloffstein durch eine Stadtplanung Ordnung geschaffen und offenbar auch ein Einwohnermeldeamt eingeführt. Er teilte die Stadt in acht Stadtviertel ein. Hauptachse war die heutige Domstraße, die mittig gekreuzt wurde durch die Schustergasse und Sterngasse. So entstanden vier innere Viertel, die nach einzelnen Höfen benannt wurden: Bastheimer-, Cressen-, Dietricher-

und Gänheimer-Viertel. Dadurch entstand der erste Stadtplan von Würzburg, an dem sich bis heute nichts wesentlich geändert hat. Die „Meebrunzer“ wurden nicht erwähnt.

Die Schallmauer von 10.000 Einwohnern wurde hundert Jahre später zu Beginn des Dreißigjährigen Krieges 1630 erreicht. Daran hätte sich zukünftig nichts geändert, wäre nicht der Residenzbau erfolgt. Durch dieses Großbauprojekt wurden aus den ganzen ausländischen Gebieten Künstler, Architekten, Gärtner und Arbeiter angezogen. Durch deren Integration in die Bevölkerung erhöhte sich die Geburtenrate sprunghaft, allein dem Italiener Tiepolo sagt man etliche uneheliche Kinder nach, sodass sich die Bevölkerung verdoppelte und zu Beginn des 19. Jahrhunderts fast 20.000 betrug.

Mit dem Beginn der Industrialisierung im 19. Jahrhundert erhöhte sich die Einwohnerzahl Schlag auf Schlag: 1852 betrug sie 29.800, erhöhte sich 1871 auf 40.000 und verdoppelte sich bis 1905 auf 80.000. Die Anzahl der „Gebürdichen“ schmolz erheblich und fiel unter das Artenschutzabkommen.

Den Status einer Großstadt mit 100.000 Einwohnern erhielt Würzburg auch durch die Eingemeindung von Hätzfeld im Jahr 1933. In den folgenden Jahren erhöhte sich die Einwohnerzahl nur langsam und stagnierte über lange Zeit bis heute um 120.000 Bürger. Ein Grund hierfür dürfte in dem hohen Anteil von Geistlichen liegen und dem damit verbundenen Zölibat.

Die Eisenbahn kommt!

1. Juli 1854 n. Chr. Vor der Wiedervereinigung Deutschlands 1990 war Würzburg der Eisenbahnknotenpunkt der alten Bundesrepublik. In Würzburg kreuzten sich alle wichtigen Verbindungen. Der erste ICE in Deutschland fuhr von Fulda nach Würzburg auf der neuen Trasse. Na gut, fuhr ist übertrieben, da er während seiner Jungfernfahrt entgleiste. Er kam dann später, viel später, aber doch bei uns an. Alle wichtigen Bahnverbindungen führten damals über Würzburg von Ost nach West und von Nord nach Süd. Seit der Wiedervereinigung hat sich das Eisenbahnkoordinatensystem zuungunsten Würzburgs verschoben hin auf den Straßenverkehr. Alle wichtigen Autobahnen führen an Würzburg vorbei und so kennt die ganze Republik unsere schöne Stadt – vom Vorbeifahren.

Wer nach dem Ende des Krieges auf dem neu gebauten Hauptbahnhof in der Frankenmetropole ankam, wollte so schnell wie möglich weiter. Würzburg sehen und sterben, dachte sich manch Reisender, der sich im Bahnhofsgebäude aufhalten musste: dunkle, niedrige Unterführungen zu den Bahnsteigen, einheitliche graue Kacheln an den Wänden von den Gleisen bis zu den öffentlichen Toiletten, dieselben in Latrinendesign, Reisebedarf an Rauchwaren, Süßigkeiten, Zeitschriften und Blumen, was man während der Reise so verkonsumierte. Die Blumen allerdings waren für die Wartenden am Ankunftsort gedacht. Die Würzburger erinnern sich noch mit Grausen an einen alten, heruntergekommenen Hauptbahnhof mit überregionalem schlechtem Ruf.

In jüngster Zeit wurde der Bahnhof jedoch renoviert. Und so entstand ein modernes, einladendes Gebäude mit dem Charme einer Einkaufsmall …

Dabei hatte alles so schön und prächtig mit der Eisenbahn bei uns angefangen. Am 1. Juli 1854 wurde die neue Bahnlinie Nürnberg – Bamberg – Würzburg in Betrieb genommen. Würzburg galt zu

ENDSTATION HERR PRINZREGENT
WÜRZBURG

Carlo

dieser Zeit noch als eine Festungsstadt, umgeben von einer starken Stadtmauer aus der Barockzeit. Für die neue Technik musste ein Bahnhof her, und zwar einer mitten in der Stadt. So durchbrach man die Stadtmauer am Neutor für die Gleise, die zum Neuen Bahnhof in der Ludwigstraße führten. Den Reisenden empfing ein prächtiges Neorenaissancegebäude an der Stelle des heutigen Stadttheaters. Verließ der ankommende Gast diesen Prachtbau, dann begrüßte ihn am Ausgang zur Linken die Residenz und zur Rechten das Alte Stadttheater. Was für ein königlicher Empfang!

Doch schon nach ein paar Jahren erwies sich der Alte Bahnhof als unpraktisch und unzweckmäßig. Zum einen war es ein Kopfbahnhof und somit unpraktisch. Außerdem kamen neue Bahnverbindungen nach Süden dazu und der Bahnhof in der Ludwigstraße wurde zu eng. So entschloss man sich schon zehn Jahre später, 1865, ein neues Bahnhofsgebäude außerhalb der Stadt zu errichten. Der neue Standort ist dann der aktuelle geworden und das Gebäude wurde passend zu der Gründerzeit-Architektur der angrenzenden Bismarckstraße errichtet. Der Prinzregent Luitpold schenkte im Jahr 1895 seiner Geburtsstadt den heute noch schmückenden Kiliansbrunnen mit dem segnenden Schutzpatron.

Eines sollte noch in Verbindung mit der Bahn nicht unerwähnt bleiben. Nicht nur, dass die Würzburger mit der Außenwelt verbunden wurden und die heimische Industrie überregional exportieren konnte, es entstand mit der Eisenbahn auch ein neues Stadtviertel, das Grombühl. Die Altwürzburger nennen es heute noch das „Eisenbahnerviertel", das ich im Zuge der neuen Technik am Steinberg etablierte.

Die fränkische Nationalhymne

1861 n. Chr.

Wohlauf, die Luft geht frisch und rein,
wer lange sitzt, muss rosten.
Den allerschönsten Sonnenschein
lässt uns der Himmel kosten.
Jetzt reicht mir Stab und Ordenskleid
der fahrenden Scholaren.
Ich will zur schönen Sommerszeit
ins Land der Franken fahren,
valeri, valera, valeri, valera,
ins Land der Franken fahren!

Es gibt Dinge, die verbinden Menschen, Gesellschaften, ja sogar Völker. Der Fußball zum Beispiel, der Hamburger, die Beatles oder die Stones. Wer kennt nicht das von Glückshormonen ins Blut schießende Gefühl bei den ersten Akkorden von „Yesterday“ und „Satisfaction“? Solche oder so ähnliche Reaktionen, gerne auch Gefühle, werden sichtbar, wenn bei einer Fränkin oder einem Franken die erste Zeile des von Viktor von Scheffel getexteten und vom Würzburger Stadtkämmerer und Komponisten Valentin Becker 1861 vertonten „Frankenlieds“ erklingt.

Zwei Jahre zuvor, 1859, saß der junge schwäbische Dichter Viktor von Scheffel hoch über dem Obermaintal bei Kloster Banz und schrieb diese Zeilen über seine Wanderungen durch die fränkischen Lande.

Schon in der **ersten Strophe** des Liedes packt einen die Lust, bei allerschönstem Sonnenschein sofort „seine sieben Sachen zu packen“ und weg vom militärischen Preußen, verregneten Rheinland oder selbstverliebten Bayern ins schöne Frankenland zu reisen.

Valeri, valera!

Der Wald steht grün, die Jagd geht gut,
schwer ist das Korn geraten.
Sie können auf des Maines Flut
die Schiffe kaum verladen.
Bald hebt sich auch das Herbsten an,
die Kelter harrt des Weines.
Der Winzer Schutzherr Kilian
beschert uns etwas Feines,
valeri, valera, valeri, valera,
beschert uns etwas Feines.

In der **zweiten Strophe** geht es um das „fränkische Schlaraffenland", die Küche. Alles, was eine Haute Cuisine benötigt, bietet das Frankenland. Wild aus fränkischen Wäldern, Früchte des Feldes und den Exportschlager Frankenwein. Selbst ein schwäbischer Dichter kann dem nicht widerstehen und schreibt mit Silvaner im Blut ein fränkische Hymne.

Wallfahrer ziehen durch das Tal
mit fliegenden Standarten.
Hell grüßt ihr doppelter Choral
den weiten Gottesgarten.
Wie gerne wär' ich mitgewallt,
ihr Pfarr' wollt mich nicht haben!
So muss ich seitwärts durch den Wald
als räudig Schäflein traben,
valeri, valera, valeri, valera,
als räudig Schäflein traben.

Die **dritte Strophe** ist der Wallfahrt gewidmet, der beliebtesten Freizeitgestaltung des katholischen Franken und seiner Fränkin. Egal ob zum Grab des hl. Kilian in Würzburg, zum Kreuzberg in der Rhön oder zu den vielen regionalen Ablassstellen, einmal im Jahr ist man moralisch, bevor wieder weitergesündigt wird.

Doch nicht jeder ist bei diesem weltlichen Fegefeuer gern gesehen, wie es dem Dichter am eigenen Leib widerfährt. Der Pfarrer wollte ihn nicht dabeihaben. Aus welchem Grund auch immer, wir erfahren es nicht. Oder vielleicht doch?

Zum heil'gen Veit von Staffelstein
komm ich emporgestiegen,
und seh' die Lande um den Main
zu meinen Füßen liegen.
Von Bamberg bis zum Grabfeldgau
umrahmen Berg und Hügel
die breite stromdurchglänzte Au.
Ich wollt', mir wüchsen Flügel,
valeri, valera, valeri, valera,
ich wollt', mir wüchsen Flügel.

In der **vierten Strophe** gehen dem Dichter die Gefühle durch und er schwingt zu himmlischen Höhen auf. Auf einem Drohnenflug überquert er die fränkischen Lande vom Obermain bis zum Grabfeld. Wäre er nicht gestorben, so flöge er noch heute.

Einsiedelmann ist nicht zu Haus',
dieweil es Zeit zu mähen.
Ich seh' ihn an der Halde drauß'
bei einer Schnitt'rin stehen.
Verfahr'ner Schüler Stoßgebet
heißt: Herr, gib uns zu trinken!
Doch wer bei schöner Schnitt'rin steht,
dem mag man lange winken,
valeri, valera, valeri, valera,
dem mag man lange winken.

In der **fünften Strophe** löst sich das Rätsel der verbotenen Wallfahrt auf. Als Einsiedler gibt sich der Dichter zu erkennen und schlüpft in dieser Rolle in die Person eines liebestollen Lüstlings. Es muss eine schöne, offenherzige Bäuerin bei ihrer Landarbeit gewesen sein, die das Objekt seiner Begierde wurde.

Wer kann sich nicht in die Rolle des Einsiedlers denken und mitfühlen? Das Frankenlied macht es möglich.

Valeri, valera!
Valeri, valera!
Valeri, valera!

Einsiedel, das war missgetan,
dass du dich hubst von hinnen!
Es liegt, ich seh's dem Keller an,
ein guter Jahrgang drinnen.
Hoiho, die Pforten brech' ich ein
und trinke, was ich finde.
Du heil'ger Veit von Staffelstein,
verzeih mir Durst und Sünde,
valeri, valera, valeri, valera,
verzeih mir Durst und Sünde!

Die **sechste Strophe** indes ernüchtert. Die Bäuerin zog die Feldarbeit dem hormonellen Offerten des Liebestollen vor. Zu alt, zu hässlich oder gar zu katholisch? Wir wissen es nicht. Was bleibt dem Abgewiesenen? Nur der Alkohol. Und so gibt er sich seinem Weinkeller und dem Frankenwein hin im Sinne der Weisheit: Essen und Trinken ist der Sex des Alters.

Und was lehrt uns diese fränkische Nationalhymne über seine Landsleute: Der Franke und die Fränkin isst, trinkt, lebt und liebt gern! Danach wird gebeichtet.

Amen.

Mit der „Strambl" ins Grüne

1892 n. Chr. In der Genetik der Würzburger Bürgerschaft ist die Straßenbahn, liebevoll „Strambl" genannt, tief verwurzelt. Es ist die älteste und gleichzeitig einzige Transportmöglichkeit innerhalb der Stadt, sieht man mal von den Omnibussen ab, die den außerörtlichen Bereich bedienen, der nicht zum Kern der Stadt gehört. Die Würzburgerin und der Würzburger lieben ihre Straßenbahn, was sich zum Beispiel auch daran zeigt, dass die Linienführung wohl überlegt und bedacht sein muss. Ein Planfeststellungsverfahren für eine neue Straßenbahnlinie ist nicht unter zehn Jahren durchführbar, die Ausführung dauert mindestens nochmal so lange. Das hat zur Folge, dass der Nutzen der Straßenbahn auf zukünftige Generationen ausgelegt ist. Auch das Bedienungspersonal ist in die Liebesbeziehung mit der Bevölkerung eingeschlossen, zumal es dem fränkischen Charakter und Wesen entspricht: mürrisch, schlecht gelaunt und zuverlässig unfreundlich. Freundlichen Stellensuchenden sei grundsätzlich von einer Bewerbung bei den Straßenbahnbetrieben abgeraten, keine Chance. Der Verfasser dieser Zeilen hat zeit seines Lebens alle Veränderungen der Straßenbahn vom offenen Triebwagen mit Schaffner bis zum hochmodernen Gelenkzug miterlebt und erlitten, er spricht aus eigener Erfahrung.

Das Straßenbahnzeitalter begann 1892 mit einer Pferdebahnlinie von der Sanderau zum neuen Bahnhof. Schon bald stellte sich heraus, dass die von Pferden gezogenen Wagen, die die Firma Noell fabrizierte, sehr pflegeintensiv waren. Sie hinterließen ihre „Rossbollen" auf den städtischen Boulevards, was nicht sehr schicklich für die Bevölkerung war. Zudem mussten die Gäule mit Hafer und Heu alle paar Stunden nachbetankt werden. Schon zehn Jahre später wurden sie durch einen elektrisch betriebenen Zugwagen ersetzt und beim Pferdemetzger in der Karmelitenstraße recycelt.

Entgegen dem heutigen Denken bei der Planung von neuen Straßenbahnlinien, bei dem der Kosten-Nutzen-Effekt zugrunde

SANDERAU

ächster Halt: Kiliani
H
CENTRAL
BAHNHOF
aber bitte nicht so schnell junger Mann!
Carlo

gelegt wird, dachte man damals auch an das Erholungsbedürfnis der Bevölkerung. Seit Mitte des 19. Jahrhunderts veränderte sich das Stadtbild deutlich durch die damalige Grünen-Partei, den Verschönerungsverein. Der sprichwörtlichen Umsetzung seines Vereinsnamens verdanken die Würzburgerinnen und Würzburger ihre grünen Oasen der Naherholung. So wurde auf dem Steinberg das Bismarckwäldchen angelegt, im Steinbachtal der fast 2,5 Kilometer lange Park und auf dem Nikolausberg um die sich empor erhebende Frankenwarte der Park, der sich bis zum Käppele hinzog. So folgten dann die Linien bis zum Zollhäuschen am Beginn des Steinbachtals. Am Sonntag ging es dann mit der Familie zum Volksgarten ins Steinbachtal oder zur Molkenkur auf den Nikolausberg.

Ein Hauch Historie aus den Anfangszeiten der Straßenbahn hielt sich bis in die Nachkriegszeit. So war jeder Wagen bis in die 60er Jahre mit einem Schaffner bestückt, den eine schwarz-graue Uniform mit Schirmmütze kleidete. Schwarzfahren war praktisch unmöglich, da er alle seine Passagiere bestens kannte. Ein jeder wurde abkassiert und mit einem abgestempelten Fahrschein versehen, den er mit einem gummiüberzogenen Daumen abriss. Das Wechselgeld befand sich in einer eisernen Geldkassette vor seinem Bauch und durch Drücken der sortierten Münzen gab er Wechselgeld zurück. Waren alle Passanten eingestiegen, dann zog er an einer Oberleine und ein heller „Bing“-Ton gab das Zeichen zur Abfahrt.

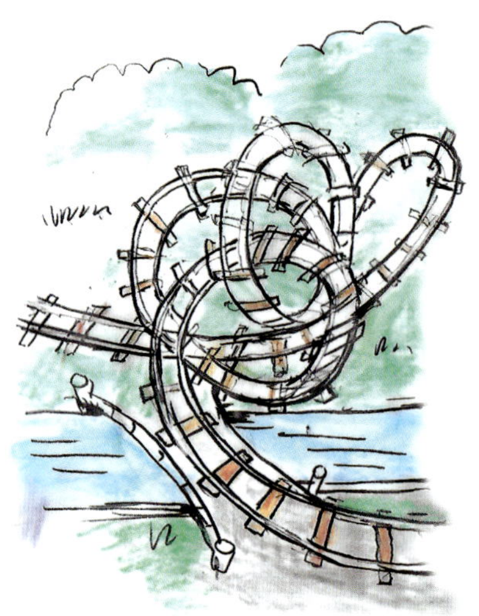

Conrad Röntgen durchleuchtet seine Frau

1895 n. Chr. Es gibt in der Menschheitsgeschichte Erfindungen, die wir als ganz selbstverständlich täglich gebrauchen, ohne dass wir dabei an den Erfinder oder deren Bedeutung denken. Als Beispiel seien das Rad, das Alphabet oder die Zahlen genannt, wobei diese Erfindungen sich nicht mit einer bestimmten Person verbinden lassen. Anders verhält es sich mit den sogenannten Röntgenstrahlen und deren Erfinder Wilhelm Conrad Röntgen. Seine Erfindung ist bis heute unbestritten einzigartig in der Wissenschaft und wird zudem in einem Atemzug mit dem Jahr 1895 und Würzburg als Ort der Entdeckung genannt.

Hier dazu die Fakten: Wilhelm Conrad Röntgen wurde am 27. März 1847 in Lennep bei Remscheid geboren. Er entstammt einer großbürgerlichen Fabrikantenfamilie. Nachdem die Familie nach den Niederlanden umgezogen war – seine Mutter war Niederländerin –, ging er dort auf eine Privatschule, die er wegen einer Karikatur seines Klassenlehrers ohne Abschluss verlassen musste. Trotzdem bestand er die Aufnahmeprüfung für die Universität zu Utrecht und wechselte dann an die Universität Zürich, die er 1868 als Maschinenbauingenieur abschloss. Seinem Professor in Physik, August Kundt, folgte er 1870 als Assistent nach Würzburg. Er heiratete 1872 Anna Berta, die Tochter eines Gastwirts aus Zürich. Nach akademisch bedingten Wechseln nach Stuttgart und Straßburg erhielt er eine ordentliche Professur in Physik an der Universität Gießen. Am 1. Oktober 1888 wechselte er nach Würzburg, wo er von Prinzregent Luitpold zum ordentlichen Professor berufen wurde. Hier entdeckte er am 8. November 1895 im Physikalischen Institut der Universität am Rennweger Ring, später Röntgenring, seine größte wissenschaftliche Leistung, die nach ihm benannten „Röntgenstrahlen“, im englischen X-rays genannt. Dafür bekam er 1901 den ersten Nobelpreis in Physik verliehen.

So weit, so gut. Was allerdings nicht bekannt ist, ist der genaue Hergang der Entdeckung an jenem Novembertag des Jahres 1895. Wie der Verfasser aus absolut unzuverlässiger Quelle erfuhr, könnte es sich wie folgt zugetragen haben:

Anna Berta, die von Wilhelm geliebte Ehefrau, machte sich schon lange Sorgen um ihn. Seit Wochen verließ er in den frühen Morgenstunden ihr Haus in der Nähe des Physikalischen Instituts der Universität Würzburg und kehrte erst spät am Abend, manchmal sogar erst um Mitternacht, nach Hause zurück. Fragen von Anna Berta nach dem Grund seiner Abwesenheit beantwortete er mit dem Hinweis, dass er auf der Spur einer wichtigen Entdeckung in seiner Strahlenforschung sei. Ach, die Strahlen, dachte sich Anna Berta, ob sie wohl wichtiger sind als sie selbst? Der November war schon früh recht kalt und regnerisch. Im nahen Ringpark fielen die letzten bunt gefärbten Blätter von den Bäumen. Aber für Anna Berta gab es eine erfreuliche Aussicht. Die Adventszeit begann und damit auch ihre alljährliche Leidenschaft für die Weihnachtsbäckerei. Von früh bis spät stand sie in der ehelichen Küche und schob ein Backblech nach dem anderen in den Ofen. Das Haus war erfüllt von vorweihnachtlichem Duft. Conrad blieb die Veränderung im Haus nicht verborgen und eine seiner Schwächen neben dem Frankenwein waren Süßigkeiten aller Art, vor allem Anna Bertas geliebte Plätzchen. So bat er sie am späten Nachmittag des 8. Novembers ihm doch ein paar der Köstlichkeiten mit einer Tasse Schokolade ins Institut zu bringen.

Es war kurz nach 16 Uhr, draußen begann es zu dämmern und Anna Berta betrat das Labor ihres Gemahls. Dieser stand an einem Tisch, auf dem eine Apparatur stand, die einen Strahl erzeugte, der auf einer gegenüberliegenden Platte auftraf.

> *„Wo soll ich dir die Plätzchen hinstellen, Conrad?“, fragte sie. „Es ist ziemlich voll im Labor“, antwortete er, „am besten stell sie einfach auf den Tisch. Keine Sorge, das Licht ist ungefährlich.“ Und so legte Anna Berta das Tablett mit der Kanne Schokolade und der Dose Plätzchen, es war genau 16 Uhr 18, auf den Tisch. Als sie die Hände hob, rief Conrad: „Nicht bewegen, stillhalten!“*

Er starrte auf die Platte und sah dort die Hand Anna Bertas, allerdings in Form einer Skeletthand. Die Röntgenstrahlen waren entdeckt.

Die Marmeladenrevolution

1. Juli 1920 n. Chr. Der Erste Weltkrieg kostete die Würzburger einen hohen Blutzoll. Der anfänglichen Begeisterung zu Kriegsbeginn wich alsbald die Ernüchterung im Laufe des langjährigen Krieges. Am Ende hatte Würzburg 4338 gefallene Soldaten, 1000 Vermisste und unzählige Verwundete zu beklagen. Der Krieg endete 1918 in Chaos und Anarchie. Nachdem man Kaiser Wilhelm II. ins Exil geschickt hatte und er sich mit den Worten verabschiedete: „Macht doch euren Mist alleine!“, rangen Soldaten und Arbeiterräte um die Vorherrschaft in Stadt und Land. Auch in Würzburg kamen bei der Niederschlagung von Aufständischen einige ums Leben.

Während es bei der Revolution von 1918/19 um Veränderungen in Staat und Gesellschaft ging, gab es in Würzburg eine einzigartige und kuriose Revolution. Es ging um Marmelade! Und so hat alles angefangen:

Es war der 1. Juni 1920, ein sonniger, warmer Freitagmorgen. In der Sanderstraße 4 ging um 8 Uhr 35 Lisbeth Pfister zu ihrer Nachbarin Maria Försch mit der Absicht, sie um etwas Zucker für die Marmelade zu bitten. Am Tag zuvor hatte sie einige Eimer Erdbeeren in ihrem Schrebergarten in der Lehnleite geerntet. Marmeladekochen war für die Lisbeth an sich eine jährliche Tradition, doch nicht in diesem Jahr. Die Inflation und die Lebensmittelknappheit ließen die Vorräte der Würzburger Hausfrauen beträchtlich schmelzen. Achselzuckend bedauerte die Försche Maria den Wunsch ihrer Nachbarin und klagte selbst über den Missstand und auch darüber, dass sie ihre Erdbeeren bald wegwerfen könne, gäbe es nicht bald Zucker zu kaufen. Beide beschlossen daraufhin auf der Straße bei Händlern nachzufragen. Im Treppenhaus trafen sie auf Franziska Schäfer mit gleichem Anliegen und als man im Erdgeschoss ankam, waren noch Katharina Kretzer und Olga Riedmann dabei. Eine starke und zu allem entschlossene weibliche Truppe bewegte sich in Richtung Schwarzmarkt in der Neubaustraße. Dort hatten sich etliche Hausfrauen

LIBERTÉ!
EGALITÉ!
MARMELADÉ!
Nieder mit den Zuckerdieben!
ZUCKER FÜR ALLE!!!

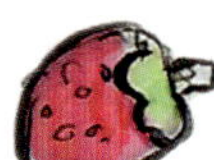

versammelt, die lauthals diskutierten. Als man auf dem Schwarzmarkt bei Straßenhändlern nicht fündig wurde, eskalierte die Situation. Ein Händler beschwerte sich selbst darüber, dass die zuständigen Leute im Rathaus den rationierten Zucker zum eigenen Vorteil verkauft hätten. Das trieb den Damen die Zornesröte ins Gesicht. Man entschloss sich spontan, nach Grombühl zu den Lagerhäusern zu gehen und die Angelegenheit selbst in die Hand zu nehmen. Der dort anwesende Wachmann stellte für die Menge kein nennenswertes Hindernis dar, er begab sich in den Feierabend. Nachdem man die Türen der Lagerhäuser aufgebrochen hatte, fand man die Lager nur geleert vor.

Nun entschloss man sich, zurück ins Rathaus zu gehen und die dortigen Verantwortlichen zur Rede zu stellen. Zwischenzeitlich war der „Marmeladenaufstand" der Hausfrauen auch im Rathaus angekommen. Ein verängstigter Bürgermeister Löffler rief Soldaten der Reichswehr zu Hilfe. Kurz darauf standen sich wütende Hausfrauen und Soldaten vor dem Rathaus gegenüber; im Rathaus bibberte ein ängstlicher Bürgermeister um sein Leben. Die Soldaten gaben Warnschüsse in die Luft ab, was dazu führte, dass die Frauen sich zur Beratung zurückzogen. Nach kurzer Diskussion kam man zu dem Ergebnis, dass die Marmelade kein Blutvergießen wert sei. Dann gäbe es dieses Jahr keine Marmelade, entschied man, zog sich zurück und löste die Revolution auf.

Die blühenden 20er Jahre*

1920 bis 1930 n. Chr. Die Zeit nach dem Ersten Weltkrieg mit der Weimarer Republik war aus heutiger Sicht und mit Blick auf heute noch vorhandene Bauten eines der erfolgreichsten Jahrzehnte des 20. Jahrhunderts. Obwohl die sozialen, wirtschaftlichen und politischen Voraussetzungen mehr als schlecht waren, blühte Würzburg kulturell und architektonisch auf. Es scheint, dass gerade die Erfahrung von Krieg, Tod und Not nach dem Weltkrieg die Menschen in der Stadt sehnsüchtig nach Kunst und Vergnügen machte.

Das Stadttheater erlebte den Einzug der Moderne mit avantgardistischen Aufführungen wie Gorkis „Nachtasyl“ und Bruno Franks „Zwölftausend“. Bühnenbilder von Weyl und aufregende Inszenierungen stießen auf ein traditionelles Publikum und – damals wie heute – auf heftige Reaktionen in der Öffentlichkeit. Während der damalige Oberbürgermeister Hans Löffler vom „Mekka aller Theaterbegeisterten“ schwärmte, erzeugten die Aufführungen bei den Gegnern empörte Aufrufe. Würzburg wurde zum Schauplatz eines theaterengagierten Publikums unterschiedlicher Meinungen. Im Gebäude des Stadttheaters in der heutigen Theaterstraße wurde die erste öffentliche Bücherei eingerichtet, die Vorläuferin der heutigen Stadtbücherei.

Auch die gestaltende Kunst erlebte eine für lange Zeit nicht mehr gekannte Blüte. Gertraud Rostosky empfing auf dem Gut zur Neuen Welt am Käppelesberg Schriftsteller und Künstler von Weltrang. Ernst Ludwig Kirchner, Erich Heckel und Otto Modersohn verbrachten in den Sommermonaten im Kreise Gleichgesinnter kreative Zeiten. Hier malte Erich Heckel seine Ansicht vom gegenüberliegenden Festungsberg mit dem Maschikuliturm, die in der Ära Kohls bei Staatsempfängen dem Kanzler und seinen Gästen als dekoratives Hintergrundbild diente.

Super Motive hier in Würzburg!

Otto Richter eröffnete in der Maxstraße eine öffentliche Galerie, die Vorläuferin der heutigen Städtischen Galerie. Ernst Ludwig Kirchner hatte darin 1930 eine spektakuläre Ausstellung. Die Geburtsstunde des heutigen Mozartfestes lag in den Zwanzigern.

Aus kleinen Anfängen mit örtlichen Konzerten in Veitshöchheim, der Hofkirche und der Residenz begann der Direktor des Staatskonservatoriums Hermann Zilcher den erfolgreichen Weg des heutigen Mozartfestes.

Auch die Stadtentwicklung erlebte einen Quantensprung. Neue Stadtviertel entstanden mit der Bebauung des Frauenlandes, des Gebiets um die Missionsärztliche Klinik durch den Architekten Boßlet und der Keesburg. Heidingsfeld wurde eingemeindet und ans Straßenbahnnetz angeschlossen. Letztendlich entstand praktisch auf der grünen Wiese vor Grombühl das Viertel der Unikliniken, das nach dem aus Würzburg gebürtigen Prinzregenten Luitpold benannt wurde, das Luitpold-Krankenhaus.

Insgesamt war diese Entwicklung umso bemerkenswerter, als das Jahrzehnt der Weimarer Republik von schweren politischen Unruhen geprägt war und die Wirtschaft durch eine Inflation die Bevölkerung in große Not brachte. Die wirtschaftliche und soziale Lage spitzte sich immer mehr zu und mit Beginn der 30er Jahre begann das Unheil seinen Lauf zu nehmen.

---

* Dieses Kapitel widme ich mir selbst, weil es in meine holde Jugendzeit führt.

Der Untergang

1933 n. Chr. Nach einem teils heiteren, teils ironischen und manchmal auch nachdenklichen Gang durch Würzburgs Geschichte kommt der Verfasser an einen Punkt, wo es ihm schwerfällt, die richtigen Worte zu finden. Auch wenn er nicht im Dritten Reich geboren wurde, sondern fünf Jahre danach, so ist doch der Schatten aus dieser Zeit für ihn immer spürbar gewesen. Zu viele Fragen an die Eltern sind bis heute nicht beantwortet und lassen ihn ratlos zurück. Sie stammen aus Oberschlesien, genauer aus dem damaligen Beuthen und Kattowicz, und waren Jahrgang 1910 und 1916. Sie haben das Dritte Reich mit allen Facetten miterlebt, ihre Städte lagen vom Konzentrationslager Auschwitz so weit entfernt wie Würzburg von Karlstadt. Mein Vater war fünf Jahre im Krieg und drei Jahre in russischer Gefangenschaft. Das Leben in der Familie war jedoch geprägt von Schweigen über den Krieg und Verdrängen von Geschehenem, was die Jahre 1933 bis zum Kriegsende anbelangt. Somit gelingt es dem Verfasser nicht, eine persönliche Anekdote, eine heitere Geschichte oder ein Ereignis aus dieser Zeit hervorzuheben, das stellvertretend für Würzburg im Dritten Reich steht.

Das Gift des Nationalsozialismus wirkte zu jeder Zeit, langsam und tödlich. Es fing in Würzburg mit Hetze gegen die jüdischen Mitbürger an, mit öffentlicher Diffamierung und schließlich mit Boykott und Aufruf zur Gewalt. Es bedarf keiner großen Anstrengung, sich auch heutzutage ein Bild und einen Eindruck von den jüdischen Mitbürgern zu machen, die in der Stadt lebten. Ein Spaziergang innerhalb des Bischofshuts genügt. Alle paar Meter stößt man auf einen matt glänzenden „Stolperstein" vor einem Haus. Name der Bewohner, Geburtsdatum, Ort und Datum der Ermordung sind alles, was von ihnen geblieben ist. Jahrzehntelang lebten sie friedlich und anerkannt unter der Bevölkerung, waren geachtet, waren befreundet, vielleicht sogar durch Heirat verwandt. Ihre Kinder gingen zur Schule und aufs Gymnasium, waren mit Klassenkameraden zu Streichen aufgelegt und als Freunde beliebt. Abgesehen von unterschiedlichen Gottesdiens-

ten in verschiedenen Gebetshäusern gab es zwischen ihnen und den Bürgern keinen, auch nicht den kleinsten Unterschied. Sie lebten mitten in der Gesellschaft und waren ein Teil von ihr. Man traf sich beim Einkaufen, hielt ein kleines Schwätzchen über dies und das und freute sich, wenn man sich begegnete. Man tanzte auf Bällen, trank gemeinsam in der Sommerfrische im Volksgarten und hatte Mitgefühl beim Ableben von Bekannten.

Und dann begann es zu wirken, das Gift. Wie konnte es so weit kommen, dass alles, was zwischenmenschliches Leben ausmacht, mit einem Mal nichts mehr galt? Jeder, auch jeder Bürger konnte es sehen. Die Schmierereien an den Geschäften, den Stern an der Kleidung und den Zug der Menschen vom Platz'schen Garten zur Verladestation in der Aumühle. Keiner wurde gezwungen mitzumachen und doch haben es alle mitgemacht und miterlebt.

All dieses Geschehen war weder gottgewollt noch ein unabwendbares Ereignis. 1932 hatte die NSDAP erhebliche Verluste bei den Reichswahlen zu verzeichnen. Als im Frühjahr 1933 erneut gewählt wurde, war die katholische BVP stärkste Partei. Trotzdem ging die NSDAP gegen den Widerstand des OB Löffler gegen die demokratisch gewählten Parteien vor und ergriff die Macht. Hier war der Wendepunkt, an dem die junge Demokratie versagte und machtlos dem Treiben der Nazis zusah. Es wäre also abwendbar gewesen, was nach 1933 geschah. Es war kein Naturereignis, kein Schicksal und schon gar nicht unabwendbar.

Höllenfahrt

16. März 1945 n. Chr. Das Gift des Nationalsozialismus verbreitete sich langsam, aber wirksam. Es war nicht so, dass alle gleich davon betroffen waren, nicht alle rannten hinter der Hakenkreuzfahne her. Es begann langsam, schleichend und stetig.

Zuerst waren die Nationalsozialisten nur eine kleine Partei mit wenig Zulauf. Aber ihre Propaganda wurde gehört und fiel auf

fruchtbaren Boden. Alle Arbeitslosen, alle Randgruppen und all diejenigen mit einem Hass auf die junge Demokratie wurden mit inhaltslosen Hüllen völkischer Propaganda bedient. Andersdenkende, Intellektuelle oder wirtschaftlich Bessergestellte waren ihre bevorzugten Ziele. Insbesondere die Jüdinnen und Juden waren betroffen. Auf Straßen wurden sie angepöbelt und tätlich angegriffen. Man traute sich nicht mehr, sich als jüdischer Mitbürger zu erkennen zu geben.

Die Wortwahl im öffentlichen Sprachgebrauch wurde rassistischer und hetzerischer. Es begann auf der Straße, im Wahlkampf und setzte sich fort im Reichstag. Beschimpfungen und Beleidigungen von Mitgliedern anderer Parteien waren an der Tagesordnung. Das Parteiprogramm der rechten Parteien bestand aus den Stimmungen im Volk gegen „die da oben". Die Volksgruppe, Gesellschaft oder Partei, die beim Volk gerade unbeliebt, ja sogar verhasst war, wurde zur Zielscheibe ihrer Politik.

Was mit Worten begann, setzte sich mit Taten fort. Tätliche Angriffe auf „die anderen" wurden von dem Polizeiapparat nachlässig verfolgt und von der Justiz mit milden Urteilen bestätigt. Man hatte sogar den Eindruck, dass Sympathie für die Übeltäter vorherrschte. Und schließlich fielen alle Grenzen der Menschlichkeit. Es wurden Morde aus rassistischen und politischen Motiven begangen.

Wie ging es nach 1933 in Würzburg weiter? Damals dauerte es nur ein halbes Jahr, bis eine Partei von etwas mehr als 30 % aller Wählerstimmen die Macht an sich gerissen hatte und ein Volk ins Verderben führte. Schon bald wehten die Fahnen der NSDAP vom Grafeneckart. Liberale Kräfte wie der Oberbürgermeister Löffler, Bischof Matthias Ehrenfried, Chefredakteur Heinrich Leier vom Fränkischen Volksblatt und liberale Professoren der Universität wurden eingeschüchtert oder aus ihren Positionen entfernt. Mit Kriegsbeginn und dem Überfall Polens 1939 begann auch die Realität des Krieges in Würzburg. Lebensmittel wurden rationalisiert und die Todesanzeigen von gefallenen Bürgern wurden kleiner, da es immer mehr wurden. Die Bombardierungen durch Flugzeuge der Alliierten kamen näher an Würzburg, zuerst durch Erzählungen von Auswärtigen, dann durch Angriffe auf Schweinfurt. Mit Illusionen, dass Würzburg nicht Rüstungsstadt sei, und Märchen, dass Winston Churchill an der Universität studiert hätte, verdrängten die Bürger die Realität. Von ihr wurden die Würzburger mit Luftangriffen auf die Bahnlinie im Februar 1945 eingeholt. Auch da wurde mit Propaganda und Durchhalteparolen von Gauleiter Otto Hellmuth und OB Memmel die Bevölkerung belogen, anstatt sie zu evakuieren.

Die Höllenfahrt endete in der Nacht des 16. März 1945 und mit ihr ging das historische Würzburg mitsamt dem Dritten Reich unter.

Und das heutige Würzburg? Wohin es sich entwickelt und was uns alle hoffen lässt, lesen Sie im letzten Kapitel dieses Buches. Es lohnt sich, bis dahin weiterzulesen.

Würzburg aus der Asche

Nach dem 16. März 1945. Der 16. März 1945 war für Würzburg Ende und Neuanfang zugleich. Ende für einen Angriffskrieg, die Vernichtung von jüdischen, deutschen und ausländischen Mitbürgern und zahllose Kriegsverbrechen. Neuanfang für ein anderes Würzburg, das eine Jahrzehnte andauernde Entwicklung benötigte, um eine andere Stadt zu werden.
Die Anfänge dafür waren mikroskopisch klein. Als der Verfasser dieser Zeilen 1955 als Fünfjähriger nach Würzburg kam, waren die Spuren der Zerstörung noch präsent. In der Arndtstraße, wo die Eltern eine kleine Metzgerei eröffneten, standen nur wenige Neubauten. Kein Gebäude aus der Vorkriegszeit hatte unversehrt die Bombardierung überstanden; jedes zweite Haus war eine Ruine. In dieser Mischung aus Neuaufbruch und Vergangenem begann zaghaft und kaum sichtbar neues Zusammenleben zu entstehen. Kleine Geschäfte entstanden in Kellern zerstörter Häuser, in Baracken und in Neubauten. Jeder versuchte mit Arbeit, seinem Handwerk oder aus der Not mit etwas Neuem zu überleben.

Es gab Schuster, Milchläden, Tabakgeschäfte, in einem Viertel mehrere Bäcker und Metzger, Gemüse direkt vom Erzeuger, Kohlenhändler, Alteisenhändler, Drogerien, eine Limonadenfabrik im Hinterhof, drei Friseure in einer Straße, Lebensmittelgeschäfte alle 100 Meter, Fischgeschäfte, Zeitschriften- und Schreibwarenläden, Tankstellen, Glaser, Schreiner, Installateure, Elektriker, Lampengeschäfte, Farben- und Malergeschäfte, Spielwarenläden, Heißmangeln und Wäschereien, Schneider und Nähereien, Kinos und in jeder Straße mindestens drei Wirtschaften mit einem Fenster für den Straßenverkauf und vieles Kurioses mehr. Das alles gab es in einem Stadtviertel wie der Sanderau und auch in jedem anderen Viertel der Stadt.

Das wirtschaftliche Leben in der Stadt konnte jedermann in den zwanzig folgenden Jahren bis Mitte der Siebziger sich entwickeln sehen. Überall wurde neu gebaut. Die Ruinen verschwanden gänzlich aus dem Stadtbild. Die kleinen Läden wichen größeren

Carlo

und lieb gewonnene Einkaufserlebnisse dem anonymen Einkauf in Supermärkten.

Auch im zwischenmenschlichen Zusammenleben gab es einen Wandel. Anfangs waren die Einflüsse der Nazizeit noch präsent und deutlich sichtbar. Beim Spielen mit Gleichaltrigen wurde neben Ritter- und Cowboyspielen noch eine glorreiche Wehrmacht von einigen Jungs nachgespielt. Es war teilweise verstörend, wie meine Freunde diese Zeit verherrlichten, ohne jemals dabei gewesen zu sein. Der Einfluss der Familien, in denen sie aufwuchsen, war noch spürbar. Judenwitze wurden auf der Straße erzählt, ohne dass uns deren Sinnhaftigkeit und Bedeutung bewusst wurden. Die Schulzeit war von Lehrern geprägt, die noch die Spuren des Krieges mit sich trugen. Es gab blinde Lehrer, amputierte und psychisch gestörte Lehrer. Die Schulerziehung war vom preußischen Geist geprägt. Gehorsam, Fleiß und strenge Regeln bestimmten den Unterricht. Körperliche Züchtigungen waren an der Tagesordnung. Ein neuer Einfluss von Denken war kaum erkennbar, und auch der Katholizismus passte sich dem an. Der Einfluss der Kirche war überall in der Stadt spürbar. Fronleichnamsprozessionen wurden in allen Stadtteilen abgehalten, eine große Prozession mit Pflicht zur Teilnahme aller Schüler war der Höhepunkt. Spießigkeit, Burschenschaften, Katholizismus und das Hängen an Althergebrachtem in Tradition und Architektur bestimmten das zwischenmenschliche Leben. Würzburg war nicht als Stadt der Moderne bekannt, ganz im Gegenteil.

Im politischen Leben war die CSU eine prägende Partei. Nationalsozialistische Biographien waren in der Partei kein Hindernis für eine steile Karriere. Aufarbeitung der Vergangenheit war nicht angesagt, es wurde die Rolle der Opferstadt als Folge des Krieges gepflegt. Regelmäßige Kriegsgräbersammlungen auf der Straße und für das Müttergenesungswerk pflegten die Erinnerungskultur.

Höchste Zeit für Veränderungen!

Würzburg 2.0

Ab 1950 n. Chr. Die Veränderung in der Würzburger Gesellschaft hin zu einer modernen, weltoffenen Bürgerschaft begann mit dem Ende des Zweiten Weltkriegs. Ein maßgeblicher Grund und eine Ursache war der Zuzug von Neuwürzburgern. Das Wort „Neigschmeckte“ im Sprachgebrauch der Bevölkerung ist eine unpassende Wortschöpfung, drückt aber damit die abwehrende Haltung der ansässigen Bevölkerung gegenüber Fremden aus.

Durch den Zuzug von Flüchtlingen aus den ehemaligen Ostgebieten wurde das bestehende Angebot in der Wirtschaft bereichert, jedoch nicht ohne Argwohn und Missgunst der Einheimischen. Obgleich es Deutsche wie ihresgleichen waren, wurden sie nicht immer willkommen geheißen, ja sie wurden sogar als lästige Konkurrenz empfunden. Es kamen Handwerker, Arbeiter und Intellektuelle, die sich in der ersten Generation noch nicht mit Einheimischen vermischten. Man blieb unter sich und suchte seinesgleichen, hüben wie drüben. Trotz alledem waren sie ein Gewinn für das Gemeinwesen und auch maßgeblich am Wiederaufbau der Stadt beteiligt.

Einen Quantensprung in der Entwicklung wurde durch die Erweiterung der Universität mit der Erschließung des Univiertels auf dem Hubland gemacht. Nicht nur dass dadurch ein neues Gebiet mit Forschungspotential entstand, sondern auch die Attraktivität der Stadt für Studierende aus aller Welt war damit begründet und führte unter anderem zu einem weiteren Physik-Nobelpreis für den hier forschenden Physiker von Klitzing. Das städtische Leben wurde bunter und vielfältiger. Die Anzahl der jungen Studentinnen und Studenten verdreifachte sich und machte sich in der Bevölkerung bemerkbar. Neue Lokalitäten für junge Leute entstanden, Weinfeste und kulturelle Veranstaltungen brachten Abwechslung in das noch vom Katholizismus geprägte Leben. Dessen Einfluss ging spürbar zurück. Ebenso auch die Sichtbar-

Carlo

keit der hier stationierten Amerikaner an mehreren Stellen der Stadt. Nach und nach zogen die einstigen Befreier ab und machten Platz für die Stadterweiterung.

Ein neuer, frischer und freier Geist begann in Würzburg einzuziehen. All dies führte auch dazu, dass dieses neue, heitere Lebensgefühl sich über Würzburg hinaus herumsprach und den örtlichen Tourismus belebte. Der jahrzehntelange Dornröschenschlaf, den Würzburg im Tourismus bis dahin hatte, war beendet. Die Übernachtungszahlen erreichten vor der Jahrtausendwende die Millionengrenze, über tausend Flusskreuzfahrtschiffe legten jährlich an der Mainlände an und brachten Heerscharen von internationalen Gästen in die Stadt. Der Tourismus wurde zum größten Wirtschaftsfaktor für Würzburg. Er hatte die Universität als größten Arbeitgeber abgelöst.

Letztlich änderte sich auch das politische Klima der Stadt. Eine seit den Zehn Geboten Moses' regierende CSU verlor ihre Mehrheit – ein politisches Beben. Ihre treue Wählerschaft hatte sich biologisch durch Überalterung dezimiert. Die dritte und vierte Generation der Neuwürzburger machte sich bemerkbar. Eine Umweltpartei gab nunmehr die zukünftige Richtung an. Die Stadt hatte sich grundlegend gewandelt:

Würzburg wurde weltoffen, tolerant und sexy!

Vivat, vivat, vivat!

Die Autoren

Carlo – der Zeichner

Carlo Dernbach ist Franke mit Leib und Seele, der mit spitzem Stift immer ins Schwarze trifft. Die Kunst der Übertreibung beherrscht er meisterhaft. Er ist in Kaschd zuhause, wo er seine Werke im Wein-Karikaturen-Museum ausstellt:

wein-karikaturen-museum.de

Der Würzburger Nachtwächter – der Autor

Wolfgang Mainka, geboren 1950, ist der Würzburger Dr. Jeckyll & Mr. Hyde – am Tage Rechtsanwalt, in der Dunkelheit Nachtwächter:

würzburger-nachtwaechter.de

Mehr von Carlo Dernbach & Wolfgang Mainka

Wolfgang Mainka
Von Mäusen, Ratten und Priestern
Ein fantastischer Krimi

ISBN 978-3-429-03778-9

Wolfgang Mainka
Der Franke ist, was er frisst
Kochgschichtli aus Meefrangge

ISBN 978-3-429-04497-8

Carlo Dernbach
Frankenwein –
ein himmlisches Vergnügen

ISBN 978-3-429-05521-9

Wolfgang Mainka
Fränkisches Schlaraffenland –
mit Bildern von Carlo Dernbach

ISBN 978-3-429-05582-0